Mord auf offener Straße

Kriminalroman aus dem Braunschweig der Zwanziger Jahre

von Thomas Ostwald

Edition Corsar

ISBN 3-925320-16-4

Edition Corsar, Braunschweig

Thomas Ostwald

Mord auf offener Straße

I.

Als das Licht in Brünings Kinosaal langsam wieder heller wurde, warf Wilhelm einen Blick auf seine Nachbarn. Überall wurden noch rasch Augenwinkel ausgewischt, Taschentücher geknüllt und tief durchgeatmet. Auch Elfie hatte geweint, klar, die Spuren waren noch deutlich zu sehen. Wilhelm zuckte die Schultern. Memmen! Natürlich hätte er viel lieber *Das Zeichen des Zorro* mit Douglas Fairbanks gesehen als diese Schmonzette um den englischen König. *Anna Boleyn* – schon der Titel hatte ihn zusammenzucken lassen, als Elfie ihm ihre Filmwahl mitgeteilt hatte, aber da konnte man nichts machen. Gut, Henny Porten war nun auch ganz ansehnlich, aber darüber etwas zu sagen, verbot sich von ganz allein in Gegenwart von Elfie.

Überhaupt – Elfie! Als er jetzt vorsichtig nach ihrer Hand tastete und sie ihm ihr herrliches Lächeln aus den strahlend blauen Augen schenkte, schmolz er wieder dahin. Für diesen

Blick wäre er glatt noch einmal in diesen Film gegangen! Und wenn sie dabei wieder wie unabsichtlich sein Knie berührt hätte, würde er sie einfach in den Arm nehmen und küssen. Jawohl, das war ohnehin die beste Lösung, einfach ran, das mochten die Frauen. Na ja, jedenfalls die, mit denen er bislang ausgegangen war. Bei Elfie war er sich da nicht so sicher. Sie war etwas ganz Besonderes, und da musste man vorsichtig sein. Schon ein Blick auf ihr elegantes Kleid zeigte, dass diese Frau Klasse hatte. Der kniefreie Hänger ließ reichlich gut gewachsene Beine in Seidenstrümpfen sehen. Wenn Elfie ihre Beine im Café übereinander schlug, musste Wilhelm gewaltsam den Blick abwenden. Bei dem Gedanken an das Café tastete seine Hand unwillkürlich zur Hosentasche. Er hatte noch höchstens drei Mark, und auch die waren geliehen, wie schon das Geld für die Eintrittskarte.

Na ja, geliehen war ein freundlicher Ausdruck, denn er wusste genau, dass er nicht in der Lage sein würde, das Geld zurückzugeben. Aber Oma würde es kaum merken, dass er an der Keksdose war. Und selbst wenn, hätte sie immer Verständnis für ihren Wilhelm gehabt. – Ärgerlich verdrängte er den Gedanken an seine ständige Geldmisere. Das war ein dauerhaftes Problem, aber Elfie durfte davon natürlich nichts erfahren. Als sie jetzt den Bohlweg hinunterschlenderten, markierte Wilhelm wieder einmal gekonnt den feinen Pinkel. Niemand hätte ihm angesehen, dass er nur von Gelegenheitsarbeiten lebte und den Anzug seines Vaters auftrug. Glücklicherweise hatte der so ziemlich auf Anhieb gepasst, und war auch noch nicht vollkommen aus der Mode. Er wollte lieber nicht darüber nachdenken, wenn ihn Elfie einmal darauf ansprach. Schließlich trug er diesen Anzug bislang zu jedem ihrer Treffen. Natürlich akkurat gebügelt und mit einem blütenweißen Hemd dazu, Oma sei Dank für ihre Mühe. Bislang konnte er sie noch stets davon überzeugen, dass er den Anzug für seine Arbeit genötigte. Arbeit! Damit sah es seit einigen Tagen schon mehr als schlecht aus, und die Tätigkeit als Bankbote hatte sich schon nach zwei Tagen wieder erledigt.

„Eine schöne Tasse Kaffee jetzt bei Tolle, was meinst du, Elfie?“

„Wunderbarer Gedanke, und dazu ein leckeres Eclair mit Vanillecreme – ach, ich könnte schmelzen vor Wonne, wenn ich das vor mir sehe! Komm, schnell, Wilhelm, mir läuft schon das Wasser im Munde zusammen!“ rief Elfie ganz begeistert aus, schob ihren Arm unter den Wilhelms, und ein angenehmes Kribbeln lief ihm dabei den Rücken hinunter. Das Geld würde reichen, wenn er auf Kuchen verzichtete. Oder es würde ihm rechtzeitig eine Lösung einfallen, falls Elfie weitere Ansprüche hatte. Bei dieser tollen, modernen Frau konnte man nie wissen, was ihr im nächsten Augenblick einfiel. Und Wilhelm musste unbedingt am Ball bleiben. So eine wie Elfie hatte er einfach verdient, das wusste er, denn irgendwann einmal musste seine Pechsträhne ja vorbei sein.

Richtig betrachtet, begann ihm ja das Glück schon am ersten Tag ihres Kennenlernens zu lächeln. Es war vor der Bank, in der Wilhelm zwei Tage Bote sein durfte. Wieder einmal hatte er nachgefragt, ob nicht doch wieder Arbeit für ihn da wäre.

Der mitleidige Blick des Kassierers ließ ihn erstarren, und unwillkürlich ballte er die Faust, als er dessen Kopfschütteln sah, kaum, dass er die Schalterhalle betreten hatte.

Wilhelm trat voller Zorn wieder auf die Brabandtstraße und wollte sich gerade zur Garküche wenden, um dort für seine letzten Groschen etwas zu Essen zu ergattern, als er einen leisen, spitzen Schrei hörte. Im nächsten Moment hatte er eine junge Frau im Arm, als er einfach instinktiv zugriff.

„Hallo, schöne Frau – so etwas wie Sie habe ich ja noch nie auffangen dürfen!“

Wilhelm sah in zwei wundervolle blaue Augen, die im Moment schreckgeweitet auf seinem Gesicht ruhten. Dann rappelte sich die junge Frau auf, und mit einer eleganten Bewegung löste er den Arm von ihrer Schulter und verbeugte sich artig.

„Danke – das war schnell reagiert – oh nein, nun schauen Sie doch nur – wie ekelhaft!“

Die junge Frau in dem kurzen, eleganten Kleid und den fast männlich kurz geschnittenen Haaren sah angewidert auf ihre Füße. Ihre sportlichen Tagesschuhe mit einer kleinen Schnalle und Lochmuster steckten in einer gehörigen Portion Hundekot.

Wilhelm konnte jetzt auch die Ursache für ihr Ausgleiten förmlich riechen, und mit einem „Sie gestatten“ zog er das Batisttaschentuch seines Vaters aus dem Anzug. Als ihn die junge Dame irritiert ansah, deutete er nach unten.

„So können Sie ja nicht herumlaufen. Bitte, heben Sie Ihren Fuß kurz an, damit ich die Schuhe säubern kann.“

Wilhelm ergriff ohne weiteres ihren leicht angewinkelten Fuß, streifte den Schuh ab und bot ihr an, sich auf seine Schulter zu stützen. Dann putzte er nacheinander beide Schuhe sorgfältig ab und warf anschließend das Taschentuch mit einem nonchalanten Lächeln in den Rinnstein.

„Sie – Sie sind ein Held und wahrer Kavalier, wie man ihn kaum noch findet. Und toll aussehen tut er auch noch dazu – wie Harry Piel persönlich! Darf ich Sie zu einer Tasse Kaffee einladen?“

Unschlüssig sah sie Wilhelm an. Das konnte schief gehen, denn die letzten Groschen wollte er eben für eine preiswerte Mahlzeit anlegen, denn er hatte an diesem Tag noch nicht einmal ein Frühstück gehabt.

„Tja, also – ich weiß nicht, Fräulein – ich muss auch wieder in die Bank...“

Schwupps – das war ihm so herausgerutscht, aber nun war es nicht mehr zu ändern.

Die junge Frau nickte verständnisvoll, dann hakte sie ihn einfach unter.

„Wissen Sie was – jetzt gehen wir erst einmal hinüber zum Kohlmarkt und trinken dort einen leckeren Bohnenkaffee. Sie sind selbstverständlich eingeladen – und ein paar Minuten werden Sie doch wohl noch Zeit haben, oder?“ Wieder diese Augen, und dazu ein unwiderstehliches Lächeln um die kirschroten Lippen – Wilhelm musste sich gewaltsam von diesem Blick abwenden und spürte, wie er rot wurde.

„Ja, das geht natürlich – aber ich.... ich habe mich ja noch gar nicht vorgestellt, unverzeihlich.“

Um ein Haar hätte er jetzt angefügt, dass er Billy Miller heiße, aber im letzten Augenblick presste er sein „Wilhelm Müller“ kaum hörbar heraus. Der verhasste Vorname, den er seinem kaisertreuen Vater verdankte, war ihm nie unangenehmer als bei dieser Begegnung. Als sie zum Café gingen, vergaß er alles andere um sich herum. Es summte und brummte in seinem Kopf, während die junge Frau ganz unbekümmert an seinem Arm hing und ihm ihre Geschichte erzählte.

Sie war zwei Jahre jünger als er, Tochter aus gutem Haus und nach ihrem Internataufenthalt nun im Betrieb ihres Vaters tätig – irgendein Im- und Exportgroßhandel, Wilhelm konnte dem Redeschwall kaum folgen. Dazu dachte er ständig daran, was wohl passieren würde, wenn ihn einer seiner Bekannten in Gesellschaft dieser eleganten Frau traf und ein paar Bemerkungen machen würde. Aber alles verlief gut, Elfie schien den jungen, gut aussehenden Mann zu mögen und plauderte so unbefangen mit ihm, als ob sie sich schon seit Jahren kennen würden.

Seitdem hatten sie sich bereits dreimal zum gemeinsamen Kinobesuch getroffen und anschließend noch im Café Tolle oder bei Wagner am Hagenmarkt gesessen und dort Stunden verlebt, die für Wilhelm wie im Fluge vergingen.

Elfie gab sich so mondän, wie die jungen Frauen mit eigenem Vermögen das gern zeigten. Stets war sie sehr modisch gekleidet, trug immer den farblich passenden Topfhut zu ihren atemberaubend kurzen Kleidern und rauchte aus einer langen Spitze Lord-Zigaretten im Café. Die schmeckten ihr angeblich am besten und waren im Moment bei der Damenwelt sehr beliebt und zudem nikotinarm.

Irgendwann musste dann Wilhelm mehr von sich erzählen, und nach dem Hinweis auf die Bank konnte er nicht mehr zurück. So erzählte er Elfie, dass er nach Kriegsende eine Anstellung in der Bank gefunden, sich bald durch sein Wissen und seine Art nach oben gearbeitet habe und sich im übrigen darauf vorbereite, als Rennfahrer Karriere zu machen. Genauer gesagt: als Motorrad-Rennfahrer.

Auf diesen Teil seiner Geschichte sprang Elfie sofort an. Bankbeamter sei ja nun ein sehr langweiliger Beruf, und da könne sie sich schon vorstellen, dass er einen Ausgleich brauche. Und Wilhelm spann das Blaue vom Himmel herunter, berichtete von ersten Erfolgen bei kleinen Rennen, einer eigenen Maschine und seinen Träumen, demnächst auch ein Automobil zu kaufen. Ein Blick in Elfies Augen genügte, um ihn immer mehr in eine Biografie zu verstricken, die so wenig mit ihm zu tun hatte wie ein hohes Einkommen mit seiner Tagelöhnerarbeit. Wilhelm hatte plötzlich das Gefühl, den durch zahlreiche Filme bekannten

Star Harry Piel auch in sein Leben einbauen zu müssen. Und schließlich – eine gewisse Ähnlichkeit war ihm nicht abzusprechen, das hatten ihm schon mehrfach die Damen bestätigt.

„Oh, entschuldige, ich war nicht aufmerksam", antwortete er jetzt. Elfie hatte etwas zu ihm gesagt, das er überhaupt nicht gehört hatte, so sehr war er in Gedanken versunken. Pflichtschuldig riss er nun die Tür zum Café auf, vor dem sie plötzlich standen, ohne dass ihm bewusst wurde, was sie auf den letzten hundert Metern gesprochen hatten.

Aber Elfie lächelte nur, trat in den schon ziemlich vollen Salon ein und hatte gleich darauf einen kleinen Tisch entdeckt, der soeben frei geworden war. Kaum hatte sich das Paar an ihnen vorbeigedrängt, saß sie auch schon, holte ihre Zigarettenspitze heraus und klopfte aus der schmalen Schachtel eine Zigarette heraus. Mit Schrecken stellte Wilhelm fest, dass es sich dabei um die letzte handelte. Das bedeutete, dass es bald an ihm sein würde, ihr eine neue Schachtel zu besorgen – für 80 Pfennig, wie er wohl wusste.

„Ich bin sofort bei dir", sagte er und steuerte

die Garderobe an, um dort seinen Hut aufzuhängen. In diesem Augenblick durchzuckte ihn ein Gedanke. Als er den Hut auf den Haken schob, stellte er sich ungeschickt an, der Hut rutschte herunter und fiel auf den Boden. Als er sich danach bückte, hatte er gleichzeitig in der Abwärtsbewegung die Brieftasche aus einem Mantel gezogen, die deutlich sichtbar herausragte. Als er sich wieder aufrichtete, schob er sie unauffällig in seinen Hosenbund, ordnete sein Jackett und bog hinter der Garderobe zu den Toiletten ein.

Kaum hatte er die Toilettentür hinter sich verschlossen, zog er die Brieftasche heraus. Drei nagelneue 20-Mark-Scheine steckten darin, die er mit fliegenden Händen herausriss und in die Hosentasche stopfte. Die leere Brieftasche warf er in die Toilettenschüssel, spülte, strich sich vor dem Spiegel kurz über die Haare und warf einen prüfenden Blick hinein.

'*Ganz ruhig, alter Junge! Das kam im richtigen Moment und wird dir einen schönen Abend mit Elfie bescheren.*' Überaus zufrieden kehrte er an den Tisch zurück und staunte, dass Elfie bereits bestellt hatte. Für sie war das selbstverständlich, denn die jungen Frauen fühlten sich den Männern gleichberechtigt. Aber Wilhelm kam mit diesem Verhalten nicht so zurecht – bislang waren seine Bekanntschaften aber auch immer kleine, naive Dinger, die er um den Finger wickeln konnte, weil er sie mit seiner eleganten Art rasch beeindruckte. Das notwendige Geld für ein Bier oder eine Fassbrause hatte er immer zur Hand, notfalls musste Omas Keksdose herhalten. Aber jetzt mit Elfie – das war eine ganz andere Sache. Sie war nicht mit einem spendierten Bier oder Kaffee zu beeindrucken.

Dabei kam ihm der richtige Gedanke, und er gab dem Ober ein Zeichen.

„Zwei Kir Royal, bitte!“ rief er dem Mann lässig zu und sah Elfie lächelnd an. „Mir ist gerade nach einer angenehmen Erfrischung – das ist dir doch recht, oder?“

„Wilhelm, du hast genau meinen Geschmack getroffen“, antwortete die junge Dame und lächelte, dann schob sie das restliche Eclair-Stück zurück.

„Ach und – Herr Ober!“ rief Wilhelm dem Davoneilenden noch nach. „Eine Schachtel Nestor Lord für die Dame bitte.“

II.

Wilhelm stand an der Theke von Sandelmann in der Friesenstraße, hatte eine Zigarette in der Hand und ein Bierglas in der anderen und starrte ungeduldig auf die Tür.

„Endlich! Ich warte schon eine Ewigkeit!" begrüßte er schließlich den schmächtigen jungen Mann, der nur einen raschen Blick über die Anwesenden geworfen hatte und dann zu ihm an die Theke trat.

„Du hast gut reden, Billy, ich musste mal wieder meinem Alten helfen, die letzten Säcke auszufahren. Er spart ja, wo er kann, und ich soll es dann ausbaden. Diese verfluchten Kohlensäcke, ich kann sie nicht mehr ausstehen. Und außerdem breche ich unter den Lasten noch mal zusammen, die mir der Alte unbarmherzig aufbürdet."

Wilhelm reichte ihm ein frisch gefülltes Bierglas und prostete ihm zu.

„Es wird Zeit, dass wieder ein bisschen Geld aufs Konto kommt, was, Max?"

Als er dem Freund auf die Schulter schlug, stiegen Wolken von Dreck aus seiner Jacke auf.

„Meine Güte!“ rief Wilhelm lachend aus und wedelte dabei vor seiner Nase herum. „Du schleppst ja die ganzen Kohlenkeller der Stadt mit dir herum, Max!“

Der antwortete nicht, sondern leerte sein Bierglas und stellte es mit einem begehrlichen Blick auf die Theke zurück.

„Christian, noch zwei Bier für uns, und mach mal den Kümmel klar – den haben wir uns heute verdient, was, Max?“ Wilhelm lachte dröhnend, und Max nickte nur schweigend. Als er das zweite Bier genauso schnell geleert hatte und die beiden Kurzen gefolgt waren, zupfte er Wilhelm an der Jacke.

„Hör zu, ich habe eine heiße Geschichte, Billy. Das Ding muss aber heute Nacht steigen, sonst ist es zu spät.“

„Psst, nicht so laut, Max, sonst wissen es gleich alle!“ Wilhelm warf einen scheuen Blick über die Schulter, aber niemand der Männer nahm Notiz von ihnen. An einem Tisch gleich nebenan spielte eine Gruppe lautstark Karten, und auch sonst war der Lärmpegel in der

Kneipe nicht gerade geeignet für leise Gespräche.

„Komm mit nach draußen auf den Hof, damit ich dich kurz ins Bild setze“, meinte Max nur als Antwort und war schon unterwegs zum Hintereingang. Als Wilhelm ihm folgte, stand Max in der Dunkelheit des Hofes und verriet seine Anwesenheit nur durch seine Zigarette, die er gerade angesteckt hatte.

„Also – was gibt es, Max?“ Wilhelm war betont langsam auf den Hof getreten, ganz der ruhige, gelassene Unternehmer, der sich mit einem seiner Arbeiter für den morgigen Tag besprechen wollte.

„Was ich schon eine Weile auf dem Tablett hatte – das ist nun reif, Billy. Du weißt schon, die Villa von dem Flachsheini steht mutterseelenallein da heute Nacht.“

„Am Wilhelmitorwall?“

„Ja, wir haben dort Kohlen angeliefert. Und bei der Gelegenheit hab’ ich mit der Küchenmamsell ein wenig geplaudert. Die hohen Herrschaften sind heute weg, der Herr Direktor hat eine Einladung und ist mit seiner Familie schon am frühen Morgen abgereist.“

„Dann sollten wir diese Villa unbedingt aufsuchen. Kennst du dich vor Ort aus?“

Wilhelm konnte das Grinsen seines Freundes nicht sehen, als die Antwort kam:

„Wie in meiner Westentasche, Billy. Die Mamsell war sehr entzückt von einer kleinen Kohlenlieferung für ihren Ofen unter dem Dache. War mir eine Ehrensache, sie persönlich dort abzuliefern. Kann ja keiner mit ansehen, wie das schwache Geschlecht die schweren Eimer nach oben tragen muss.“

„Ausgezeichnet, Max. Es wird auch höchste Zeit, ich weiß sonst nicht mehr, wie ich dieses Leben bestreiten soll.“

„Die Liebe und der Suff – die reiben einen uff“, flachste Max, kam aus der dunklen Ecke und lenkte wieder zum Eingang zurück.

„Aber nur noch ein Bier, wir müssen einen klaren Kopf behalten, Max!“

„Ehrensache, Billy, das weißt du doch!“

*

Von einer entfernten Kirchturmuhr kam gerade der letzte Schlag der Glocke, die die Mitternacht verkündete. Zwei dunkle Gestalten schlichen durch einen Park auf die Villa zu. Nur schwach beleuchtete der abnehmende Mond die Szenerie, und der Schein der Straßenlaterne vom Wilhelmitorwall reichte nicht bis in den Park des Direktors der Flachsspinnerei. Jetzt blitzte kurz der Schein einer Karbidlampe auf, um dann wieder zu verlöschen. Die beiden Gestalten waren auf der Hausrückseite an der Kohlenrutsche angekommen, Max öffnete die Luke und die beiden verschwanden über die Kohlenrutsche im Haus.

„Mach mal Licht, ist ja stockdunkel hier drinnen!“ flüsterte Wilhelm, und gleich darauf hatte sein Gefährte wieder den Blenddeckel geöffnet. Im Schein der Karbidlampe fanden sie rasch aus dem Keller hinaus. Nur einen kurzen Moment lauschten sie im Erdgeschoss, dann schritten sie rasch hintereinander die breite Treppe hinauf und standen gleich darauf im Schlafzimmer des Fabrikbesitzers.

Max stellte die Lampe geöffnet so ab, dass sie sich im Raum zurechtfanden. Nach und nach zogen sie alle Schubladen heraus, nahmen verschiedene Ringe und Ketten an sich und wühlten sich weiter durch die Schränke.

Da stieß Max einen leisen Pfiff aus und griff zwischen einen Wäschestapel.

„Schau mal hier, Billy – ein echter Kracher!“

Wilhelm erkannte in der Hand seines Freundes eine Pistole und erschrak.

„Was soll das – leg die zurück, das gibt nur Ärger, wenn man uns schnappt!“ zischte er ihm zu. Gleich darauf war er wieder abgelenkt, denn das Bild über dem Ehebett erweckte seine Aufmerksamkeit. Rasch entschlossen hob er es vom Nagel und lachte.

„Nun sieh dir das an – ein Wandtresor, das ist doch mal eine nette Entdeckung.“

„Und – kriegst du den auf?“ fragte Max zweifelnd.

„Gar kein Problem mit dem Stemmeisen, warte mal!“ Mit diesen Worten setzte Wilhelm das Stemmeisen an dem Metallrand des Tresors an und hebelte es mit kräftigen Bewegungen nach vorn. Metall kreischte laut, und erschrocken hielt er in seinen Bewegungen inne.

Max trat kurz aus der Schlafzimmertür und lauschte in das Haus.

„Mach weiter, hier hört uns doch keiner!“ sagte er gleich darauf, und erneut kreischte das Metall, ehe es nachgab.

„Die Lampe!“ befahl Wilhelm, und kaum traf der Strahl auf den geöffneten Tresor, als er auch schon hineingriff.

„Hahaha, Max, das sind ein paar Tausend Scheinchen, mein lieber Schwan, das hat sich gelohnt!“ Wilhelm nahm mehrere Geldbündel heraus und stopfte sie sich eilig in die Tasche.

„Los jetzt, das reicht hin – da müssen wir nicht noch das Tafelsilber einstecken!“ rief er Max zu, aber der brummte nur und griff die Lampe auf.

„Kommt gar nicht in Frage. Was wir haben, haben wir.“

Damit verschwand er nach unten, und Wilhelm blieb nichts anderes übrig, als ihm zu folgen. Max stand bereits vor einer Anrichte und zog die Schublade heraus. Dann kippte er den Inhalt in eine große Tasche, die er mitgebracht hatte.

„Das bringt noch mal ein paar Scheine, glaub mir, Billy, alles schweres Silber.“

„Ist ja gut, aber jetzt sollten wir wirklich verschwinden, ehe noch jemand von draußen unser Licht bemerkt.“

„Alter Schisser!“ lachte Max, folgte seinem Freund aber auf den Flur und zurück in den Keller.

Als sie sich zum Kellerfenster hinaufhangelten, brummte der kleine Max unwillig vor sich hin.

„Wir hätten ruhig aus der Tür spazieren können, anstatt hier wieder Turnübungen zu veranstalten." – „Das ist mir zu heikel, Max. Stell dir vor, wir marschieren aus der dunklen Villa mit vollen Taschen heraus und laufen einem Schutzmann genau in die Arme – schön blöd."

Als sie durch den Park liefen, hatten sie natürlich ihre Lampe wieder abgedeckt. Der kleine Max keuchte unter seiner schweren Last, aber Wilhelm machte keine Anstalten, ihm zu helfen.

Sie hatten kaum zehn Meter auf dem Wilhelmitorwall zurückgelegt, als sie eine Gestalt bemerkten, die ihnen von der anderen Straßenseite entgegen kam.

„Das ist Polente, lass uns abhauen!" raunte Max halblaut.

„Nur ruhig, Max. Wenn wir hier abbiegen..."

„Halt, Polizei!" ertönte in diesem Moment ein lauter Ruf, und der Mann lief plötzlich auf sie zu.

„Mist, nichts wie weg hier, lass den Plunder fallen, Max!" stieß Wilhelm heraus und war schon ein paar Schritte gelaufen, als er sich umsah.

„Stehenbleiben, Polizei! Halt, oder ich schieße!" ertönte ein neuer Ruf hinter ihm.

Wilhelm geriet in Panik, Schweiß brach ihm aus und lief ihm in Bahnen den Rücken hinunter. Wo zum Teufel blieb Max? Sie hatten genug erbeutet und mussten sich nicht wegen des dummen Sackes mit Silber noch in letzter Minute fassen lassen!

Wilhelm erstarrte in der Bewegung, als jetzt plötzlich mehrere Schüsse krachten. Um Gottes willen – war Max denn verrückt geworden? Hatte er die Pistole doch eingesteckt und sie jetzt auf den Polizisten abgefeuert?

Unheimliche Stille trat gleich darauf ein, und Wilhelm bewegte sich über die Straße zurück. Im ungewissen Schein der Gaslaterne glaubte er, einen dunklen Gegenstand zu erkennen, der regungslos auf der Straße lag.

„Max? Ist alles in Ordnung?" rief er leise.

Dann eilte er auf den dunklen Körper zu und erkannte schon nach wenigen Schritten seinen Freund, der ausgestreckt auf der Straße lag. Neben ihm befand sich der Sack, aus dem das Tafelsilber halb heraus gerutscht war, in der Hand hielt er noch die Pistole.

„Max, was machst du denn für Sachen?“

Als er sich über den Gefährten beugte, sah er die weit aufgerissenen Augen. Schnell tastete er mit der Hand seinen Hals ab, aber ein Puls war nicht zu fühlen. Kein Zweifel, sein Freund lag hier tot in seinem Blut. Jetzt waren in der Ferne Trillerpfeifen zu hören, und gehetzt sah sich Wilhelm um. Ein Stück weiter lag noch ein dunkler Körper.

Der Polizist! Auch er regte sich nicht mehr, schien ebenfalls tot zu sein. Schritte näherten sich, die Trillerpfeifen wurden lauter. Wilhelm zögerte, griff dann aber nach der Pistole auf dem Pflaster und steckte sie ein.

Wie in Trance kehrte er zu seinem toten Freund zurück und betrachtete die verkrümmte Gestalt. Dann bückte sich Wilhelm und nahm auch die Pistole an sich, die der Tote noch in der halb geöffneten Hand hielt.

„Mach es gut, Max – ich räche dich!“ flüsterte er leise, dann sprang er auf und war nach wenigen Schritten auf der dunklen Straßenseite und lief um die Villa. Als er für einen Moment stehen blieb, um Luft zu holen, hörte er die Trillerpfeifen von allen Seiten. Gleich darauf bog er in die Pawelstraße ab und verschwand in der Dunkelheit.

III.

„Mord auf offener Straße – Polizist kaltblütig niedergeschossen! *Als ein Polizeibeamter in der vergangenen Nacht einen Einbrecher auf dem Wilhelmitorwall stellte, schoss der ohne Zögern den Beamten nieder. Es gelang dem tödlich Verletzten, mit einem Schuss den Verbrecher niederzustrecken....“*
Braunschweigische Landeszeitung vom 21.7.1920

Wilhelm hatte sich hinter einem ganzen Stapel mit Heftromanen vergraben. Das war seine Fluchtwelt seit Kindertagen, und Omas kleine, mit Regalen vollgerumpelte Leihbücherei auf einem Hinterhof der Kohlenhandlung an der Friesenstraße sollte seine Heimat werden. Nach der gestrigen Nacht musste er sich unbedingt ablenken, und so schmökerte er zunächst in einigen der *Buffalo-Bill*-Hefte mit den herrlichen, bunten Umschlag

-bildern aus der Verlagsbuchhandlung Eichler, Dresden. Er liebte den Held zahlreicher Abenteuer, der so sagenhaft sicher schoss – und dann auch noch den gleichen Vornamen wie sein glühender Bewunderer hatte – William. Er wusste inzwischen nicht mehr, ob er durch diese Lektüre auf die Idee gekommen war, sich selbst Bill zu nennen, oder ob es durch eine der anderen, aus Amerika kommenden Heftserien verursachte wurde. Aber Buffalo Bill war noch immer sein Held, und wenn er ein Ziel für die Zukunft hatte, dann eines Tages das Land der unbegrenzten Möglichkeiten zu besuchen, und dort seinen Traum von einem Leben in grenzenloser Freiheit zu verwirklichen.

Die Hefte waren stark abgegriffen, einige mussten bereits zum wiederholten Male geklebt werden, weil die dünnen Heftklammern der starken Beanspruchung nicht stand hielten. Dann zog er sich ein paar neu hereingekommene Exemplare der Serie *Der Detektiv* heraus. Autor Max Schraut wusste fesselnd zu schreiben, und Wilhelm verschlang die Detektivabenteuer um Harald Harst geradezu. Viele Anregungen hatte er schon der alten Serie *De-*

tektiv John Spurlock – der Mann mit den 1000 Gesichtern zu verdanken. Diese alten Heftserien wollte heute kaum noch jemand lesen, wie denn auch die meisten Verlage den Leihbüchereien verboten hatten, ihre Produkte zu führen. Aber wen kümmerte das in Oma Müllers Leihbücherei? Wer sollte sich die Mühe machen, in dieser kleinen, muffigen und stets mit allen Arten von Büchern, Zeitschriften und Heftromanen vollgestopften Regalen nach unerlaubten Exemplaren suchen? Wer hierher kam, wusste genau, was er suchte – Oma Müller kannte ihre Kunden, die überwiegend hart arbeitende Männer und auch einige Frauen aus der Nachbarschaft waren. Kaufen von Romanen kam bei ihnen gar nicht in Frage, dazu war der Lohn viel zu kärglich. Während die alten Serien noch je Heft für 10 Pfennig zu haben waren, verkleinerten die Verlage jetzt das Format, druckten meistens nur noch einfarbige Titelbilder in einer Grundfarbe und nahmen nun 20 Pfennig für ihr Druckerzeugnis. Da war es schon sinnvoll, bei Oma Müller etwas zu suchen und dann zwei Hefte für 5 Pfennig auszuleihen – und dann Nachschub zu holen, wenn man die ausgelesen hatte!

Lady Gwendolyn Hooy dinierte mit uns im Hotel Kurtins, und die Unterhaltung drehte sich um so belanglose Dinge, dass ich mir sehr bald klar darüber war, wie oft Worte nur dazu dienen, Gedanken zu verschleiern.
Um sechs Uhr waren wir wieder in St. Moritz-Dorf. Gwendolyn Hooy wohnte ebenfalls im Albana und hatte zwei Zimmer nach der Seeseite hinaus.

Wilhelm ließ das Heft mit dem Titel *Salon Geisterberg* sinken und starrte auf die Regale. St. Moritz! Ja, das wäre auch etwas für ihn. Einmal dort in der Luxuswelt Ski fahren. Und natürlich mit Elfie in einem der besten Hotels wohnen – das würde er machen. Er wusste auch schon, wie es weitergehen würde. Das war er seinem Freund Max schon schuldig...
Wilhelm zuckte erschrocken zusammen und ließ das Heft fallen, als plötzlich die Tür aufgerissen wurde und zwei Männer eintraten.
‚Kriminale!' schoss es Wilhelm sofort durch den Kopf, als er die wichtigen Mienen der Männer sah. *‚Verflucht, jetzt nur keinen Fehler begehen! Was wollten die hier bei Oma?'*

„Sind Sie der Besitzer dieses Ladens?“ begrüßte ihn der ältere der beiden Männer. Er war vielleicht knapp 1,60 Meter groß, hatte kaum noch Haare und trug einen Kinnbart. Seine unruhigen Augen hatten den kleinen Raum im Nu überflogen und die Tür bemerkt, die in die oberen Räume führte.

„Nein, der gehört meiner Oma. Sie ist oben und kocht für uns. Was gibt es?“

Der zweite Beamte war groß und kräftig und hatte ein ausgesprochenes Bulldoggengesicht. Er nickte Wilhelm knapp zu und stellte sich dann vor die Hintertür, als wolle er von vornherein eine Flucht zur Unmöglichkeit machen.

Der Sprecher zog jetzt einen Ausweis und deutete auf seinen Kollegen. „Kriminalpolizei. Kommissar Gehrke und Inspektor Hörstel. Können Sie sich ausweisen?“

„Klar“, antwortete Wilhelm knapp. Er stand auf und griff nach seiner Jacke, um den Ausweis aus der Innentasche zu angeln. „Darf man erfahren, um was es geht?“

Der Kommissar studierte sorgfältig den Ausweis, bevor er ihn zurückreichte. „Sie wohnen also hier im Haus bei Ihrer Großmutter?“

Wilhelm nickte.

„Ja, ich bin hier untergekommen, als mein Vater 1918 fiel. Meine Mutter ist schon ein paar Jahre vorher gestorben. Oma braucht meine Hilfe, und da unterstütze ich sie natürlich, wo ich kann."

Wilhelm hatte seine Gelassenheit wiedergefunden. Was immer die beiden Kriminalen hierher geführt hatte, er hatte damit nichts zu tun. Aber dann nahm ihm die nächste Frage des Beamten jegliche Sicherheit.

„Machen Sie doch mal die Ladenkasse auf."

„Die – die Kasse? Was soll das jetzt denn? Da ist ja kaum etwas drin, was soll denn..."

Wilhelm verstummte, weil der Kommissar ihn streng musterte. Dessen Blick konnte er aushalten, aber er musste sich doch sehr zusammenreißen, um nicht verlegen zu werden. Die Ladenkasse – was sollte das? Als er zu dem uralten Ding auf dem Tresen ging, fiel es ihm siedend heiß ein. Der Zwanziger! Er hatte einen der Zwanziger aus dem Café Tolle in Omas Kasse gelegt. Es war so etwas wie eine reuevolle Rückgabe, und als seine Großmutter ihn verwundert nach der Herkunft des ungewöhnlichen Scheines fragte, beruhigte er sie mit der Geschichte von einem tollen Buchverkauf. Ein unbekannter Kunde hatte mehrere der zum Verkauf aussortierten Leihbücher gekauft und war ganz begeistert von seinem Fund.

Wilhelm drehte langsam die Kurbel, und die Kassenlade öffnete sich einen kleinen Spalt. Das Ding war schon alt gewesen, als er es im Schrott gefunden hatte. Mit ein wenig Geschick und Öl brachte er sie wieder in Gang, obwohl Oma Müller darüber lachte. Für die wenigen Pfennige und Groschen, die sie einnahm, brauchte sie keine Kasse. Aber ihr Enkel ließ sich nicht beirren und schleppte das schwere Gerät in ihren Laden.

„Geht das auch weiter auf?“ erkundigte sich Gehrke und deutete auf den geöffneten Spalt.

„Moment noch, sie klemmt an dieser Stelle immer. Ich muss hineinfassen – so – bitte.“ Damit zog Wilhelm die Lade ganz auf, und der Kommissar warf einen Blick hinein.

„Das ist alles?“ erkundigte er sich und schaute ein wenig mitleidig auf die wenigen Münzen. „Keine Scheine? Vielleicht unter der Lade?“ Er bückte sich, konnte aber kein zweites Fach entdecken.

„Oma nimmt keine Scheine ein, ihre Kunden

kennen so etwas gar nicht, Herr Kommissar. Das sind Pfennig-Beträge, die ihre schmale Witwenrente aufbessern sollen."

„Na ja, das mag ja sein – aber es gibt ja wohl auch Ausnahmen, was?"

Er sah Wilhelm scharf von der Seite an, aber der hatte sich wieder vollkommen in der Gewalt.

„Sehr selten – für Oma leider viel zu selten. Aber es kommt vor."

„Auch mal ein Zwanzig-Mark-Schein?"

„Warum fragen Sie danach? Ja, ich habe vor kurzem einen Kunden gehabt, der hat eine Menge Bücher bei uns gekauft und mit einem Zwanziger bezahlt."

„Wer war der Mann?" Gehrke schaute keinen Moment zur Seite, und Wilhelm hatte das Gefühl, in die Enge getrieben zu werden. Als er einen raschen Blick zu dem Inspektor warf, blätterte der Polizist seelenruhig in einem der Hefte herum und schien ihn gar nicht mehr zu beachten.

„Ich hatte ihn noch nie vorher bei uns gesehen", sagte Wilhelm mit leicht belegter Stimme. *‚Reiß dich doch zusammen'*, ermahnte er sich selbst. *‚Der Polizist kann doch von dem*

Taschendiebstahl bei Tolle gar nichts wissen! Das ist ein Zufall!'

„Können Sie ihn mir etwas näher beschreiben?“ erkundigte sich Gehrke. „Tja – was soll ich sagen – etwas kleiner als ich – vielleicht Ende Dreißig, hellblond, gut gekleidet – eher so ein Durchschnittsgesicht.“

Kommissar Gehrke schwieg und sah ihn weiter mit dem undurchdringlichen Blick fest an.

‚Was wollte der Kommissar noch von ihm? Wieso erkundigte er sich nach den Geldscheinen?' Die Gedanken wirbelten ihm durch den Kopf, und fast hätte er nicht die Frage gehört, die der Kommissar ihm gerade gestellt hatte.

„Das war der einzige Schein, den er bei Ihnen gelassen hat? Konnten Sie beim Bezahlen sehen, ob er noch weitere Scheine in der Geldbörse hatte?“

„Wie – nein, darauf habe ich natürlich nicht geachtet. Ich habe ihm einen Karton herausgesucht, damit er die Bücher mitnehmen konnte. Warum sollte ich auch hingucken, was einer für Geld in der Tasche hat?“

„Das hätte uns vielleicht etwas weiter geholfen, Herr Müller. Der Schein war nämlich gefälscht."

„Ge – fälscht?" Wilhelm fiel aus allen Wolken und hatte Mühe, den Mund wieder zuzuklappen. – „Ja, und Ihre Großmutter hat damit in der Friesenstraße beim Pferdeschlachter eingekauft. Von dem haben wir in Erfahrung gebracht, woher der Schein stammt – denn als der Schlachter seine Einnahmen zur Bank brachte, wurde der falsche Schein natürlich erkannt."

„Das ist ja – das ist ja unglaublich. Dann hat der Kerl meine alte Großmutter übers Ohr hauen wollen? Na, wenn ich den erwische..." Wilhelm schüttelte in echter Empörung die Faust. Auch wenn es diesen Mann nicht gab, ärgerte er sich doch darüber, dass jemand Falschgeld so einfach mit sich herumtrug und er es auch noch stehlen musste. Schlagartig war ihm bewusst, wo der zweite Schein war. Er hatte den neuen Vergaser damit bezahlt, den er seit Monaten dringend für seine NSU benötigte, die in dem alten Schuppen verstaubte. Und mit dem dritten Schein hatte er seine nicht unbeträchtliche Zeche bei Tolle bezahlt – aus der Kir-Royal-Bestellung war noch eine zweite geworden, dazu der Kaffee und ...

Wilhelm schrak hoch, als Gehrke ihm die Hand reichte.

„Das war es vorläufig. Wenn wir noch Fragen haben, werden wir noch einmal vorbeischauen. Ihre Großmutter ist wohl oben?“

Wilhelm nickte.

„Sie wollte noch ein kleines Nickerchen vor dem Essen machen, wissen Sie, die alte Dame ist nicht mehr sehr rüstig. Wollen Sie noch selbst mit ihr sprechen?“

„Das ist wohl nicht nötig. Sie haben uns ja erzählt, dass Sie das Falschgeld angenommen haben. Die Spur lässt sich kaum weiterverfolgen, aber wir müssen jedem Hinweis nachgehen.“

Der Kommissar wandte sich zum Gehen, und schweren Herzens legte sein Inspektor das Heft zur Seite.

„Können Sie mitnehmen, wenn Sie wollen. Ich habe es schon mehrfach gelesen“, sagte Wilhelm großzügig. Er war wieder ganz obenauf.

„Das ist sehr nett von Ihnen!“ freute sich die Bulldogge und steckte das Heft in seine Jackentasche. „Schon den neuen Harry Piel gelesen?“

„Gelesen? Nein, bislang nur die Filme gesehen – alle natürlich. Auch die neuesten, *Der große Coup* und natürlich *Über den Wolken*."

„Müssen Sie sich unbedingt besorgen, irre spannend! *Harry Piel, der tollkühne Detektiv* heißt die Serie. Übrigens – Sie sehen ihm ziemlich ähnlich! Wiedersehen!"

Damit waren die beiden Kriminalbeamten auch schon draußen, und erst jetzt konnte Wilhelm erleichtert aufatmen. Sein Herz raste, und er musste sich den Stuhl heranziehen, auf den er dann schwer plumpste.

„Falschgeld! Ich fasse es nicht!" sagte er leise und kopfschüttelnd vor sich hin. Dann wurde er von einem heftigen, lautlosen Lachen geschüttelt.

Harry Piel

IV.

Die unerwartete Begegnung mit den Kriminalbeamten hatte Wilhelm geschockt. Als er die Männer eintreten sah, hatte er natürlich sofort an ihren Einbruch am Wilhelmitorwall mit den furchtbaren Folgen für Max gedacht. War sein toter Freund identifiziert, konnte man ihn auch mit dieser Tat in Verbindung bringen. Zumindest kannte jeder in seiner Umgebung die beiden Freunde, und man würde mit entsprechenden Nachfragen beginnen.

Als erstes musste er die Beute sicher unterbringen, das Versteck im Haus war nicht mehr sicher genug. Wer sein Bett untersuchte, würde sicher auch auf die lose Diele darunter stoßen, und Wilhelm wartete mit großer Unruhe auf die kommende Nacht, um das belastende Zeug loszuwerden.

Oma Müller hatte nichts von dem Besuch bemerkt. Wilhelm schloss die Tür ab und ging zur Mittagszeit nach oben, aber seine Großmutter hatte das Essen noch nicht fertig. Sie fühlte sich nach dem Aufstehen nicht sonderlich gut, hustete mehrfach heftig, und ihr besorgter Enkel hatte ihr Bettruhe verordnet. Die alte Frau wollte davon anfangs nichts wissen, gab aber seinem Drängen nach. Kaum waren seine Schritte auf der schmalen Holzstiege zu hören, erwachte sie und richtete sich auf.

„Bleib liegen, Oma, ich mache die Suppe selbst warm", rief er ihr entgegen, und dankbar lächelte sie ihn an.

„Mein Junge, du bist so lieb zu deiner Oma, das tut mir richtig wohl. Aber ich habe auch gar kein Holz mehr oben, schaust du mal nach, Wilhelm?"

„Keine Sorge, Oma, ich hatte erst von dem gesammelten Holz einen Vorrat zurecht gesägt. Das Süppchen wird ihm Nu heiß sein und dir neue Kräfte verleihen!"

Wilhelm ging in die schmale Küche, die kaum größer als ein begehbarer Schrank war. Der selbst gemauerte Herd zog schlecht und brauchte seine Zeit, bis er den alten, angeschlagenen Topf mit Flüssigkeit erhitzen konnte.

Während er sich um das Feuer bemühte und sein Blick die schäbigen Wände traf, dachte

Wilhelm, dass es endlich Zeit wurde, aus diesem schimmligen Loch herauszukommen. Er würde etwas neues für sich und seine Oma finden, denn endlich war ein Anfang gemacht. Das erbeutete Bargeld im Dielenversteck betrug fast 8000 Mark – eine unglaubliche Summe, und für den Schmuck würde er mit Leichtigkeit noch einmal 1000 Mark bekommen. Ein Startkapital für eine großartige Zukunft und ein erster Meilenstein zu seinem Ziel. Und seine Großmutter hatte es verdient, ihren Lebensabend in besserer Umgebung zu verbringen.

Bis zum späten Abend hockte er wieder in der Leihbücherei und blätterte durch Hefte und Bücher, aber er konnte sich nicht auf seine Lieblingslektüre konzentrieren. Immer wieder dachte er an seinen erschossenen Freund. Wie unheimlich schnell das gegangen war! Der Polizist war ihnen entgegen gekommen, und muss sofort geschossen haben. Max schoss dann zurück – oder hatte er zuerst geschossen? Egal, das Polizistenschwein hatte es jedenfalls auch erwischt. Recht so. Max – verflucht noch einmal, warum musste das passieren? Warum hatte er nicht besser aufgepasst, als der Freund den Kracher zwischen der Wäsche gefunden hatte? Sie wollten sich nie mit Schusswaffen abgeben, das war einfach zu gefährlich. Kaum hatte einer von ihnen bei einem einfachen Bruch so ein Ding dabei, gab es Tote.

Wilhelm stand auf und schaute aus dem Fenster in die hereinbrechende Dunkelheit. Dann schloss er den Laden wieder ab und aß mit seiner Großmutter noch Abendbrot.

„Ich bin noch mal unterwegs, Oma, warte nicht auf mich. Es könnte später werden", sagte er zu der alten Frau, als er in sein Zimmer verschwand. Die leise Antwort konnte er nicht verstehen, denn er hatte die Tür sofort geschlossen, lag im nächsten Moment auf dem Fußboden und rutschte unter sein Bett. Mit wenigen Griffen konnte er die Diele hochnehmen, den Sack greifen und unter einem Mantel verbergen, den er sich über den Tragarm hängte.

Er sprang die Stufen hinunter und verließ das Hinterhaus, überquerte den Klint und schlug die Richtung zur Friesenstraße ein. Nur wenige Menschen begegneten ihm, bevor er in eine Toreinfahrt einbog und den dritten Hof in diesem Komplex aufsuchte. Wie erwartet, brannte bei dem Trödler noch Licht. Jedenfalls fiel ein spärlicher Lichtschein durch die alten Fensterläden, mit denen Erich Roloff seine Fenster verschlossen hatte.

Wilhelm gab das vereinbarte Klopfsignal. Gleich darauf knirschte der Schlüssel im Türschloss, und Erich öffnete sie einen Spalt breit.

„Komm rein. Hat dich jemand kommen sehen?"

„Nö, natürlich nicht. Wer sollte auch auf mich achten, sehe ich aus wie ein Geheimer?"

Erich lachte laut auf.

„Wohl kaum, aber die Geheimen sind ja so geheim, dass sie jeder schon auf 100 Schritt erkennt. Unser Klopfsystem funktioniert prima, das weißt du doch!"

Erich lachte erneut und deutete auf die langen Wasserrohre, die durch seinen Anbau in die Wohnhäuser liefen. Oft genug wurden damit Klopfsignale weitergegeben, die so manchem der Bewohner unnötige Fragen erspart hatten. In der Friesenstraße hielten alle zusammen, vor allem, seit der Terror auch in diesem Viertel Einzug gehalten hatte. Erst vor wenigen Wochen gab es eine schwere Schlägerei zwischen Kommunisten und Rechten, bei der es einen Toten gab, obwohl sogar die Reichswehr schnell mit zwei Lastwagen zur Stelle war.

„Zeig mal, was du mir heute schönes mitgebracht hast", sagte Erich und zog ohne weiteres den Sack zu sich heran, griff hinein und stieß einen leisen Pfiff aus. „Donnerwetter, nicht schlecht, mein Lieber. Das ist also die Sore aus dem Bruch Wilhelmi?"

Erich untersuchte die Stücke erst grob mit einer Lupe, dann klemmte er sich eine Juwelierlupe ins rechte Auge, trat zu seiner einzigen Lichtquelle, einer Lampe ohne Schirm, und ließ sich Zeit.

„Ist natürlich im Moment heiß, das weißt du selbst", fuhr er nach einer Weile fort, in der Wilhelm nichts sagte.

„Hast du jemals Sachen bekommen, die nicht heiß waren?"

Erich lachte kurz auf, nahm die Lupe aus dem Auge und warf Wilhelm einen ernsten Blick zu.

„Diesmal hat es Tote gegeben. Ein Polizist, das ist schlimm. Und einen von Euch hat es erwischt. Wie man hört, ist es Max. Da wird es nur eine Frage der Zeit sein, wann die Polizei bei dir auftaucht und dich nach Einzelheiten befragt. Hast du ein sicheres Alibi?“

Wilhelm zuckte die Schultern.

„Klar, ich habe mit den Jungs Karten gespielt, bis um 1 Uhr in der früh. Das Alibi steht so sicher wie ein Haus.“

„Hoffentlich entpuppt es sich nicht als Kartenhaus. Gut, dein Problem. Für den Kram kann ich dir nicht mehr als 800 geben, die Zeiten sind schlecht.“

Erich zog eine Schublade auf, nahm eine Stahlkassette hervor und sah Wilhelm an. Der zuckte noch nicht einmal mit der Wimper, schlug das Tuch wieder über den Schmuckstücken zusammen und zog es zu sich herüber.

„Du kennst meine sagenhafte Geduld, Erich, aber unter 1000 geht das nicht, und du weißt es. Der Kram ist mehr als das Fünffache wert.“

„Völlig verrückt!“ Erich lachte erneut laut auf. „Du denkst wohl, ich habe einen Dukatenkacker, was? Heiße Sore auf den Tisch werfen, an der das Blut von zwei Menschen klebt, und unverschämte Vorstellungen. Das funktioniert so nicht, Wilhelm, ich habe meine Risiken!“

„Dann lass es!“ schnaubte Wilhelm wütend, nahm das Bündel auf und drehte sich zur Tür.

„Meine Güte, empfindlich wie eine alte Jungfer. Wir sind uns immer einig geworden, Wilhelm, ich gebe dir 850“, rief Erich.

„Nacht, Erich. Beim nächsten Mal weiß ich, dass ich zu dir nicht kommen muss.“

Wilhelm hatte die Hand auf der Klinke und trat gleich darauf in den Hof hinaus.

„He – zurück mit dir, sei nicht so ungemütlich!“

Mit einem Grinsen drehte sich Wilhelm um und betrat den Raum erneut. Wenige Minuten später war er schon wieder unterwegs und befühlte in der Tasche die knisternden Scheine. Jetzt war er bereit, das nächste große Ding zu starten. Die tausend Mark mussten für seine Helfer reichen, denn allein war sein Vorhaben nicht umsetzbar. Aber jetzt ging es zunächst einmal zur Kartenrunde mit den Jungs. Und ein paar Bier hatte er sich auch verdient. Ob er sich mal ein Dortmunder Bier gönnen sollte? Den Gedanken schob er beim Betreten des Lokals jedoch wieder zurück. Das einheimische Bier war erheblich preiswerter, und er wollte vor den Freunden nicht gleich zeigen, dass er über Geld verfügte. Eine Woge dicker Luft kam ihm wie ein Novembernebel entgegen. Wilhelm blinzelte und sah zur Theke hinüber, an der Paul wie immer zapfte. Er nickte ihm kurz zu und deutete mit dem Kopf nach hinten.

Wilhelm hob grüßend die Hand, als er den verqualmten Schankraum durchquerte und das Hinterzimmer betrat. Hier fand er seine Freunde bereits im eifrigen Kartenspiel, und zahlreiche leere Gläser zeigten ihm, dass er dringenden Nachholbedarf hatte.

V.

Der Güterschuppen wies nur ein einfaches Schloss auf, das keinen nennenswerten Widerstand leistete. Jeder der Männer trug feste Handschuhe und eine abblendbare Laterne. Wilhelm hatte den Presto-Lkw direkt an die Laderampe gefahren, und jetzt begann das Aufladen der Zinkblechtrommeln, die sich in dem Schuppen stapelten. Sie arbeiteten wie ein eingespieltes Team, einer lüftete die Behälter an, der nächste schob die Karre darunter, kippte das Fass und lief zur Ladefläche. Dort standen zwei Mann bereit, um den Behälter herunterzunehmen und die Ladung gleichmäßig auf dem LKW zu verteilen.

Als sie etwa die Hälfte verladen hatten, machten sie eine Zigarettenpause.

„Bist du verrückt – willst du mit dem Zeug in die Luft fliegen?“ schnauzte Gustav, als Wilhelm sich an eine der Zinkblechtrommeln lehnte und die Zigarette ansteckte.

„Mensch Gustav, du hast wirklich keine Ahnung. Glaubst du, dass ich euch hier in Lebensgefahr bringe, wo wir nur ein paar Fässer verladen?“

„Na, das Zeug brennt doch wie Zunder, oder was?“ Gustav starrte noch immer auf das glimmende Zigarettenende, das bei einem tiefen Zug erneut aufglühte.

„Karbid ist nicht feuergefährlich, du kriegst es nicht einmal mit einem Streichholz direkt daran gehalten zum Brennen, also reg dich ab.“

„Das verstehe ich nicht, Billy, wieso brennen dann unsere Lampen so gut und lange und die Karbidöfen sind doch auch Klasse und geben richtig Wärme ab!“

„Das funktioniert aber nur mit Wasser, Gustav. Ein Tropfen Wasser auf das Karbid genügt, eine chemische Reaktion entsteht und das Zeug brennt schneller, als du es wieder löschen kannst. Wenn du dann nämlich Wasser draufkippst, verwandelt sich alles in eine Flammenhölle!“

Wilhelm zog genussvoll an seiner Salem-Zigarette, trat aus dem Schuppen und warf einen Blick hinüber zum Westbahnhof. Er zuckte zusammen, als er von dort einen Radfahrer sah, der direkt auf den Güterschuppen zuhielt.

„Lampen und Kippen aus, wir bekommen Besuch!“ rief er halblaut den Gefährten zu, und im Nu waren die Blendschieber der Laternen in Aktion und alle Zigarettenpunkte in der dunklen Sommernacht verschwunden. Die Männer standen schweigend im Güterschuppen, Wilhelm und Gustav hielten sich im Schatten des Presto auf. Glücklicherweise hatten sie stark abnehmenden Mond und dazu noch einen Wolkenhimmel, der nicht viel Licht auf die Umgebung zuließ.

Jetzt war der Radfahrer herangekommen und stieg ab. Er schob sein Fahrrad noch ein paar Schritte weiter und zögerte.

„Hallo – ist da jemand? Was machen Sie hier?“ rief der Mann. Der Lastwagen vor dem offenen Güterschuppen war nicht zu übersehen, jetzt konnte ihnen nur noch eine rasche Reaktion helfen.

„Wir haben hier noch zu tun, Meister!“ sagte Wilhelm ruhig und trat vor den LKW. „Kleine Nachtschicht, weil der Chef es so befohlen hat.“

Der Mann warf einen Blick zu ihm herüber, dann hob er eine Lampe und richtete den

Strahl auf Wilhelm.

„Das ist aber merkwürdig, davon weiß ich gar nichts. Wieso werden die Karbidbehälter in der Nacht verladen und nicht am hellen Tage? Können Sie sich ausweisen?“

Der Wächter war einen Schritt näher getreten und hielt die Lampe so, dass er damit Wilhelm blendete. Der trat einen Schritt zurück und hob die Hand schützend über die Augen.

„Natürlich – kannst du mal die Laterne wegdrehen, das blendet sehr!“

Als der Mann den Schein etwas nach unten richtete, erkannte Wilhelm eine dunkle Gestalt, die plötzlich hinter dem Wächter aufgetaucht war. Gleich darauf gab es ein dumpfes Geräusch, der Mann ließ die Laterne auf den Boden fallen und sackte zusammen.

„Unnötige Fragen, mein Lieber. Tut mir leid für dich, die Nacht wird etwas unangenehm.“ Gustav hatte die Laterne des Nachtwächters zu der Gestalt gedreht, die jetzt regungslos auf dem Boden lag. Mit geübten Griffen durchsuchte er ihn nach einer Waffe, dann zog er einen Strick aus der Tasche und fesselte den Ohnmächtigen.

„Das kam gerade richtig, Gustav. Jetzt aber

los, wir haben noch eine Menge Arbeit vor uns und danach eine lange Fahrt. Ich will das endlich hinter mich bringen."

Schweigend nahmen die Männer ihre Arbeit wieder auf, während Wilhelm sich an die bullige Motorhaube lehnte und unruhig die dunkle Umgebung beobachtete. Als er ein Geräusch aus der Richtung des Westbahnhofs vernahm, zog er die Pistole aus dem Hosenbund. Es war die Walter Modell 7, die er dem toten Polizisten aus der Hand genommen hatte. Zwei Schuss fehlten aus dem Magazin. Wilhelm steckte die Waffe in die Jackentasche und behielt die Hand darauf, um im Falle einer weiteren Störung sofort bereit zu sein.

Aber alles blieb in der nächsten Stunde ruhig, und endlich war der letzte Behälter auf dem Lastwagen untergebracht.

„Wir treffen uns am Mittwoch, und dann gibt es das Geld. Seht zu, dass ihr noch etwas Schlaf abbekommt."

Wilhelm öffnete die Fahrertür, als einer der Männer sich räusperte.

„Äh, Billy, nichts für Ungut, aber kannst du uns nicht etwas vorstrecken? Ich meine, die Miete ist fällig, meine Alte liegt seit zwei Monaten im Bett und hustet sich die Seele aus dem Leib, und ich bringe nur ein paar Groschen nach Hause. Es wäre wirklich prima, wenn du mir da helfen kannst."

Wilhelm sah den Mann nachdenklich an, dann nickte er. „Fünf Mark kann ich dir geben, ich bekomme auch erst das Geld in die Hand, wenn ich die Ladung richtig abgeliefert habe, das wisst ihr doch selbst. – Hier, nimm den Fünfer, und wir sehen uns in drei Tagen am Mittwoch."

Wilhelm wartete nicht ab, ob noch einer der Männer von seinen Geldsorgen sprach. Er kletterte in das Führerhaus, während Gustav schon dabei war, den Motor anzuwerfen. Der kräftige 25-PS-Motor sprang sofort an, Gustav kletterte ebenfalls in das Fahrerhaus, und Wilhelm legte den Gang ein. Rumpelnd und knatternd fuhr der mit Bierreklame bemalte LKW vom Gelände am Westbahnhof und nahm rasch Fahrt auf.

„Ich hätte lieber einen Büssing genommen", rief Gustav durch den Motorenlärm und grinste Wilhelm an. „Die Dinger sind einfach besser gefedert und der Motor ist auch stärker!"

Wilhelm schaltete in den nächsten Gang und

gab Gas, als er die ebene Straßendecke unter den Rädern spürte. Der Lastwagen konnte mit seiner schweren Ladung nicht die Höchstgeschwindigkeit von 75 Stundenkilometern erreichen, aber sein Fahrer war zufrieden.

„Ich habe dich nicht daran gehindert, uns einen Büssing zu besorgen. Du hattest die freie Wahl und hast dich für den Presto entschieden."

„Du bist gut, Billy, ich soll innerhalb von 3 Stunden einen LKW besorgen und dann auch noch das Beste, was es in Braunschweig gibt, was? Ne, sei man froh, dass wir diesen Lastesel so schnell ausborgen konnten. Und bei der Nationalbrauerei kommt es nicht so drauf an, ob morgen einer der Kutscher sein Bier mit dem Handwagen ausfahren muss, haha!"

Wilhelm ließ sich von der Heiterkeit seines Gefährten nicht anstecken.

„Hast du den Wächter in den Schuppen gelegt, wie ich es dir gesagt habe?"

„Alles erledigt, Boss, du kannst dich auf mich verlassen. Ich habe dafür gesorgt, dass er keinen Lärm macht."

Wilhelm warf einen überraschten Blick auf seinen Beifahrer, dann konzentrierte er sich wieder auf die nächtliche Straße, die von den mächtigen Scheinwerfern nur unzureichend ausgeleuchtet wurde.

„Was heißt das nun wieder? Hast du ihn etwa kalt gemacht?"

Gustav griff nach einer neuen Zigarettenschachtel und klopfte zwei heraus, die er nacheinander ansteckte, um dann Wilhelm eine zu reichen.

„Was denkst du denn von mir? Ich habe seine Fesseln noch einmal überprüft und ihm ein altes Tuch umgebunden, damit er mit seinem Geschrei heute morgen nicht für unnötigen Auffuhr sorgt. Sein Fahrrad liegt übrigens auf der Ladefläche!"

„Das ist Blödsinn, Gustav. Wir liefern über 200 Behälter bestes Karbid nach Kassel, und da gibt es richtig Geld abzuholen. Da kannst du die 20 Mark für den alten Drahtesel ja wohl getrost vergessen."

Gustav nahm einen tiefen Zug und stieß den Rauch langsam aus.

„Kann man nie vorher wissen. Bislang habe ich noch kein Geld in der Hand, und wer weiß, wofür man so ein Fahrrad noch gebrauchen kann."

„Schrott!" war der einzige Kommentar, dann fuhr Wilhelm schweigend durch die Nacht. Seine Gedanken beschäftigen sich mit der Abwicklung seines Raubzuges. Er hatte den Tipp mit dem Karbid, das seit Kriegsende in dem Güterschuppen gelagert wurde, von einem Mann erhalten, der sich bestens auskannte. Von ihm wusste er, dass die Henschel-Werke in Kassel einen neuen LKW herausbrachten, dessen Führerhaus mit einem Karbidofen beheizt werden sollte. Entweder konnte er seine Beute dort direkt verkaufen oder er fand einen geeigneten Händler, der nicht lange nach der Herkunft fragte.

Der Presto schlingerte leicht in einer Kurve, und Wilhelm musste das Lenkrad fester greifen. Auf dem schlechten Straßenbelag rumpelte das Fahrzeug jetzt so laut, dass eine weitere Unterhaltung unmöglich wurde.

VI.

Wilhelm Müller blieb vor dem Schaufenster in der Casparistraße stehen und überflog die Stoffe. Ein unglaubliches Hochgefühl hatte ihn gepackt, seit er aus Kassel zurück war. Zehntausend Mark hatten sie für das Karbid bekommen, etwa die Hälfte des Marktpreises. Aber es hatte sich gelohnt, und nachdem sie den Lastwagen in einem einsamen Waldstück abgestellt hatten, fuhren sie zusammen auf dem Fahrrad zum Bahnhof.

Sie trennten sich schon auf dem Wilhelmplatz. Vor Einbruch der Dunkelheit würde ohnehin keiner zu dem Treffen kommen, bei dem Wilhelm seine Helfer bezahlen wollte. Natürlich hatte er niemand verraten, wie hoch der Erlös aus der ungewöhnlichen Beute war. Gustav wollte zwar unbedingt bei den Verhandlungen in Kassel mit dabei sein, aber Wilhelm war es gelungen, ihn davon zu überzeugen, Schmiere zu stehen, als die Geldübergabe erfolgte.

Jetzt betrat Wilhelm das Geschäft von Louis Weihe, Bekleidung für Herren und Maßschneiderei, mit der Miene eines großen Mannes. Der Verkäufer im eleganten Anzug warf zwar einen erstaunten Blick auf die schäbige Kleidung, die sein neuer Kunde trug, aber schon bald hatte er Grund zu einem freudigen Lächeln. Wilhelm hatte sich zunächst einen der teuersten Anzüge von der Stange zeigen lassen, der ihm sehr gut passte.

„Den behalte ich gleich an, aber jetzt nehmen Sie meine Maße für ein richtiges Modell, so, wie man es heute trägt. Natürlich dunkler Stoff, keinerlei Streifen."

„Selbstverständlich, Herr...?" sagte der Verkäufer und hatte die Augenbrauen erwartungsvoll hochgezogen.

„Einfach Müller. Wilhelm Müller, Großhandel, Import – Export."

Bei diesen Worten zog er aus seiner abgelegten Jacke eine dicke Brieftasche hervor und legte sie deutlich sichtbar vor sich auf einen Stuhl, den er zum Probieren verwendete. Das etwas herausrutschende Geldbündel bestätigte dem immer eifriger werdenden Verkäufer, dass er hier einen ganz großen Kunden gewonnen hatte.

Er bezahlte den fertigen Anzug, hinterließ eine großzügige Anzahlung für zwei weitere nach Maßanfertigung, schnappte sich sein zusammengeschnürtes Bündel mit den alten Kleidern und wanderte vergnügt zur Schuhstraße. Wer den feinen Herrn auf seinem Weg betrachtete, musste den Kopf schütteln. Seine Kleidung, der elegante Einreiher mit Weste, die eng geschnittene Hose, dazu ein leichter Mantel über dem Arm und ein heller Hut mit dunklem Stoffband war für einen Stadtbummel an diesem warmen Sommertag viel zu elegant. Aber wer einen Blick auf seine Schuhe warf, musste endgültig am Verstand des jungen Mannes zweifeln – er trug zu den modischen Dingen derbe, verschmutzte Arbeiterstiefel.

Wilhelm Müller beachtete die Blicke nicht, die ihn kurz musterten. In der Schuhstraße ging er direkt in das Geschäft gegenüber vom Kaufhaus Adolf Frank, obwohl er im *größten Magazin des Herzogtums* sicher preiswertere Schuhe gefunden hätte. Aber hier gab es keinen Kompromiss – die Schuhe hatte er schon vor Monaten im Schaufenster entdeckt und beschlossen, sie bei passender Gelegenheit zu kaufen.

Eine halbe Stunde später war er erneut unterwegs, das Bündel mit seinen alten Sachen noch immer in der einen Hand. Von der Schuhstraße aus waren es nur noch wenige Meter bis zum Kohlmarkt, wo er die Vertretung der Presto-Automobile *Personenwagen und LKW Friedrich Grossmann* betrat. Der Laden machte einen gediegenen Eindruck, wenn auch kein einziges Fahrzeug hier ausgestellt war. Wilhelm hatte noch die Ladentür nicht geschlossen, als ein Verkäufer herbeieilte und ihn höflich begrüßte.

„Eigentlich wollte ich mir ein neues Opel-Modell ansehen, aber da muss ich wohl nach Melverode heraus? Na, macht nichts, was haben Sie denn zu bieten?"

„Sie suchen sicher etwas sportliches, mein Herr? Oder eher eine Limousine? Dann würde ich Ihnen unser Modell Typ D empfehlen mit einem 4-Zylinder Reihenmotor und...."

„Wie schnell können Sie liefern?"

Wilhelm hatte sein in Tuch geschlagenes Kleiderbündel abgelegt und griff nach der Brieftasche. Eine Geste, die zeigen sollte, dass er an einen sofortigen Kaufabschluss dachte.

Das Gesicht des Verkäufers ließ ihn jedoch in der Bewegung innehalten.

„Bedaure, mein Herr, wenn es besonders eilig ist. Die Firma Presto liefert nur Qualitätsfahrzeuge und die Nachfrage ist entsprechend hoch. Vor sechs bis acht Monaten wird dieses Modell kaum zu haben sein, da bedaure ich doch sehr. Wenn Sie vielleicht lieber ein anderes Automobil...“

Der Mann ließ den Satz unvollendet wie eine leichte Melodie ausklingen, und Wilhelm wunderte sich, was er nun angeboten bekommen sollte.

Der Verkäufer sah ihn abwartend an, so wie ein Zauberer im Varieté die Zuschauer vor dem Moment ansah, in dem er in den Zylinder griff.

„Sie haben also etwas, das für mich geeignet ist? Wo kann ich das Fahrzeug sehen?“

Der Verkäufer zog etwas umständlich eine Taschenuhr an einer langen, goldenen Kette aus seiner Westentasche, drückte den Deckel auf und ließ sie dann wieder zuschnappen.

„In einer Stunde in der Nussbergstraße,

wenn es Ihnen beliebt? Sie werden es nicht bereuen, ein einmalig schönes Automobil und dazu eine echte Gelegenheit."

„Und um was handelt es sich dabei?" Wilhelm sah ein wenig gelangweilt aus dem Fenster zum Kohlmarkt hinüber.

„Ein wirkliches Schmuckstück. Ein Lorelei, Viersitzer, 11 PS, Lederpolsterung. Und das Beste: Er hat ein amerikanisches Verdeck!"

Diese Bemerkung elektrisierte Wilhelm. Vollkommen klar, dass er sich dieses Fahrzeug ansehen musste. Ley war ein kleiner Autobauer, nicht mit Opel oder Presto vergleichbar, aber liebevoll und sorgfältig gebaute Modelle zeichneten die Firma unter Kennern aus.

„Sie meinen – so ein Verdeck, das bei schönem Wetter nach hinten geöffnet werden kann? Und das bei einem Viersitzer?"

Wilhelm gab sich betont skeptisch. Er war ein harter Verhandlungspartner und wollte sich von einem schmierigen Automobilverkäufer schon gar nicht beeindrucken lassen.

„Genau richtig vermutet, der Herr. Stabile Leinwand- und Holzkonstruktion. Das Automobil ist einfach ein Traum, Sie werden begeistert sein. In einer Stunde?"

Wilhelm nickte hoheitsvoll und wandte sich zum Gehen.

„Ich werde vor Ort sein."

VII.

„Sie sind Frau Müller, die Inhaberin dieser Leihbücherei?"

Die beiden Männer hatten die Tür aufgerissen und standen nun vor der erschrockenen Frau. Einer der beiden, der ein Gesicht wie eine Bulldogge hatte, stürmte zum Hinterausgang, öffnete dort die Tür und warf einen Blick hinaus.

„Wer sind Sie und was wollen Sie von mir?"

„Kommissar Gehrke – mein Kollege Inspektor Hörstel. Wo ist Ihr Enkel Wilhelm?"

Die alte Frau sah erschrocken erst den Sprecher an, dann drehte sie sich zu der Bulldogge um.

„Kriminalpolizei? Was wollen Sie denn von meinem Enkel?"

„Wir müssen ihn dringend sprechen, ist er im Haus?"

„Nein, er ist schon einige Zeit geschäftlich unterwegs, er hat viel zu tun. Wollen Sie mir nicht sagen, um was es geht?“

„Können Sie uns sagen, wo Ihr Enkel in der Nacht vom 21. auf den 22. Juli war?“

„Wann? In der Nacht? Ich verstehe nicht...“

Kommissar Gehrke trat näher und stützte sich auf den kleinen Tisch, hinter dem die Ladenbesitzerin saß.

„In dieser Nacht wurde ein Polizist auf dem Wilhelmitorwall erschossen. Und einer der Einbrecher, den er wohl gerade gestellt hatte.“

„Das habe ich in der Zeitung gelesen, aber was hat mein Wilhelm damit zu tun?“ Die alte Frau sah den Kommissar hilflos an. „Ich verstehe das alles wirklich nicht. Sie kommen hier hereingestürmt, als würden Sie einen Verbrecher suchen, und erzählen mir von einem erschossenen Polizisten.“

Kommissar Gehrke beugte sich vor und starrte Käthe Müller böse an.

„Bei dieser nächtlichen Schießerei wurde ein gewisser Max Bierstaedt erschossen. Sagt Ihnen der Name etwas?“

„Max Bierstaedt? Der von der Kohlenhandlung? In der Zeitung stand nur etwas von einem Max B., ich hatte keine Ahnung, dass der gemeint war!" Die alte Frau hatte jetzt hektische rote Flecken im Gesicht, ihr Atem ging stoßweise. „Mein Gott – wollen Sie deswegen zu Wilhelm? Die beiden waren Freunde, das weiß doch jeder hier im Viertel – aber wenn Sie glauben, dass mein Wilhelm...."

„Wir glauben gar nichts, gute Frau. Wir wollen mit Ihrem Enkel sprechen. Wenn er nicht im Haus ist, schauen wir uns mal kurz bei Ihnen um."

Damit gab er seinem Inspektor ein Zeichen, und gleich darauf eilten beide die wacklige Stiege nach oben.

„Aber – was soll denn das! Sie können doch nicht einfach hier eindringen...."

„Können wir, gute Frau, können wir!" gab Gehrke von oben zurück. Gleich darauf hörte Käthe Müller, wie oben ein paar Möbel gerückt wurden und ein Kleiderschrank sich mit quietschender Tür öffnete.

„Was machen Sie denn da in meinen Sachen, um Himmels Willen, das geht doch nicht so!"

Sie eilte die Treppe hinauf, so schnell es ging, aber die Aufregung war zu viel für sie.

Als sie die kleine Wohnung erreicht hatte, in der ihr Enkel mit ihr lebte, musste sie nach Luft ringend sich an die Wand lehnen.

„Das ist... das ist... eine Unverschämtheit... ich... ich werde mich über Sie beschweren...“ presste sie heraus, als sie sah, wie die beiden Kriminalbeamten die Betten aufschlugen, Schrank und Kommode durchwühlten und in jede Ecke einen Blick warfen. Aber in der kleinen, heruntergekommenen Behausung fanden sie nichts, was sie weitergebracht hätte.

„Sagen Sie Ihrem Enkel, dass er sich sofort auf dem Revier zu melden hat. Ist er nicht bis morgen früh bei mir im Büro gewesen, lasse ich nach ihm fahnden.“

„Aber... das...“ Käthe Müller rang mühsam nach Atem. Die Aufregung war zuviel für sie gewesen, so kurze Zeit, nachdem sie ihr Krankenlager verlassen hatte. Als die beiden Kriminalbeamten die Treppe wieder herunterpolterten, ließ sie sich auf ihr Bett fallen.

Alles drehte sich um sie herum, und ein scharfer Schmerz durchzog ihre linke Seite bis in den Arm hinein. Dann wurde ihr schwarz vor Augen. Käthe Müller hörte nicht mehr, wie unten die Ladentür hinter den beiden Beamten zuschlug.

VIII.

„Damals, als ich dir in den Arm gefallen war, hatte ich geglaubt, du bist etwas ganz Besonderes, so ein richtiger Draufgänger."

Elfie hatte ihre Kaffeetasse schwungvoll abgestellt und sah mit einem tiefen Seufzer aus dem Fenster.

Wilhelm wartete eine Weile, aber als sie stur aus dem Fenster sah, räusperte er sich leise.

„Seltsame Einleitung für ein Gespräch nach dem Kaffee", sagte er nur lakonisch.

„Ich habe mich wohl geirrt, als ich dachte, du könntest mir mal was bieten – aber es ist genauso langweilig wie mit den anderen Kerlen."

Wilhelm saß einen Moment wie erstarrt. Was sollte das denn jetzt? Hatte er nicht alles unternommen, um Elfie etwas zu bieten? Kinobesuche, Variete, Caféhaus – jetzt hatte er die Karten für das „Weltstadt-Programm" im Wilhelmsgarten gerade gekauft, und nun dieses Gerede? Was war in Elfie gefahren?

„Ich verstehe nicht so ganz, worauf du hinaus willst, Elfie."

Sie warf ihm einen vernichtenden Blick zu.

„Es ist einfach langweilig mit dir! Glaubst du, diese ständigen Kinobesuche hängen mir nicht schon zum Hals heraus?"

„Dann gehen wir eben in den Wilhelmsgarten! Schau mal, damit wollte ich dich heute überraschen!"

Er zog die Karten heraus und legte sie vor ihr auf den Tisch. Elfie starrte wieder aus dem Fenster und würdigte ihn keiner Antwort.

„Elfie, wenn du schlechte Laune hast, dann lass' sie bitte nicht an mir aus. Komm, versuche mal eine von den englischen Zigaretten. Die schmecken richtig nach Tabak!"

Die junge Dame in dem schicken Kostüm und wieder einem neuen, farblich dazu passenden Topfhut, warf einen schnellen Blick auf die Schachtel, die Wilhelm ihr hinhielt.

„Na ja, wenigstens Geschmack hast du. Goldflake – wo hast du die her? Sind schwer zu kriegen."

Elfie nahm eine Zigarette, steckte sie in die lange Zigarettenspitze, die noch vom letzten Gebrauch vor ihr lag und ließ sich von Wilhelm

Feuer geben.

„Ich habe einen neuen Lieferanten, in der Elmstr. 14 – der bekommt sie regelmäßig direkt geliefert."

Eine Weile rauchten beide schweigend, dann warf ihm Elfie plötzlich wieder einen ihrer herausfordernden Blicke zu.

„Diese Detektivfilme, die du immer sehen willst – wen bewunderst du da eigentlich am meisten?"

„Wie meinst du das? Wen soll ich da nach deiner Meinung denn bewundern?"

„Na – neulich im Edison-Theater haben wir den zweiten Teil vom *Hund von Baskerville* gesehen, wenn ich nicht irre, hieß das Schauerstück *Das einsame Haus.*"

„Ja, stimmt, und weiter?"

„Na – wer ist dein Favorit? Dieser Detektiv, dieser Sherlock Holmes – oder seine Gegner?"

Wilhelm sah Elfie schweigend an, dann lächelte er.

„Du wirst es nicht glauben – aber ich bin auf der Seite der Gangster."

„Ach, tatsächlich?" Elfie stieß eine große Rauchwolke in seine Richtung aus, und Wilhelm lehnte sich grinsend zurück.

„Klar – mir gefällt es, was die Burschen sich alles einfallen lassen, um ihr Ziel zu erreichen."

„Ihr Ziel?" Elfie stieß ein verächtliches Lachen aus. „Mord, Totschlag, Überfall, Bankraub – was sind das für Ziele?"

„Nun – sie machen das ja nicht aus reiner Langeweile, sondern weil sie mit ihrer Tat etwas erreichen wollen. Sie haben ein Ziel – wollen Geld oder Schmuck, um sich damit ihre Träume zu erfüllen, denke ich."

Wilhelm wurde nicht schlau aus diesem Gespräch, und griff nervös erneut nach der Zigarettenpackung. Blitzschnell griff Elfie seine Hand und sah ihn dabei prüfend an.

„Hast du auch so ein Ziel?"

Wilhelm ließ die Hand liegen und spürte, wie Elfies Griff noch fester wurde.

„Haben wir das nicht alle, Elfie?"

Erneut lachte sie und ließ seine Hand los.

„Vielleicht – aber unsere Ziele sind bestimmt nicht die gleichen, Wilhelm! Du bist ein langweiliger Bankbeamter, der mir nichts Neues bieten kann. Ich meine, was willst du schon mit deinem kleinen Gehalt anfangen? Etwa eine Familie gründen?“

Wilhelm saß wie elektrisiert auf seinem Stuhl. Ein Blick in Elfies Gesicht ließ die Wut in ihm aufsteigen.

„Du machst dich wohl lustig über mich? Kleiner Bankbeamter? Langweilig? Dass ich nicht lache! Soll ich dir mal sagen, was du bist? Eine verzogene, verwöhnte Göre, weiter nichts! Und vom wirklichen Leben hast du bestimmt keine Ahnung! Langweilig! Ich kann nicht glauben, dass du so etwas zu mir sagst!“

Elfie beugte sich vor, packte erneut seine Hand, die mit der Zigarettenschachtel spielte, und presse sie. Sie funkelte ihn herausfordernd an, als sie jetzt leise sagte:

„Dann beweise mir doch, dass du ein Kerl bist! Ein richtiger Mann, nicht so eine billige Harry-Piel-Kopie im piekfeinen Anzug!“

Wilhelm lief es abwechselnd heiß und kalt den Rücken hinab. Dann sprang er auf und packte nun Elfie am Handgelenk.

„Gut, wie du willst. Aber komm nicht an und jammere mir etwas vor, wenn es dir nicht gefällt!“

„Du tust mir weh – das ist nicht besonders männlich, Wilhelm!“ sagte Elfe und versuchte, ihr Handgelenk zu befreien.

Aber Wilhelm hörte nicht auf sie. Er zog sie zum Ausgang, und erst auf der Straße ließ er Elfie wieder los. Sie hatte kaum Widerstand geleistet, und als er jetzt mit wenigen Schritten um die Ecke bog, ohne sich nach ihr umzusehen, musste sie sich beeilen, um mit ihm Schritt zu halten.

Nach wenigen Metern hielt Wilhelm vor einem Auto an, öffnete die Beifahrertür und hielt sie einladend auf.

„Darf ich bitten, meine Dame?“

„Was soll das, Wilhelm? Du kannst doch nicht einfach in ein wildfremdes Auto...“

„Warum nicht – hast du Angst, dass wir dabei geschnappt werden? Keine Sorge – wir machen nur eine kleine Spritztour.“

Er wartete nicht ab, ob Elfie in das knallrote Fahrzeug mit dem weit geöffneten Verdeck einstieg, sondern umrundete es und stieg auf der anderen Seite ein.

Gleich darauf sprang der Motor an, und Wilhelm beugte sich zu der noch immer auf der Straße stehenden Elfie herüber.

„Was ist nun – ewig kann ich hier auch nicht warten! Steig ein!“

Kaum hatte Elfie auf dem Ledersitz Platz genommen und die Tür geschlossen, legte Wilhelm den Gang ein und fuhr los. Er schaltete schnell in die höheren Gänge und beschleunigte.

Elfie genoss die Fahrt immer mehr. Sie hatte sich entspannt in das weiche Lederpolster zurückgelehnt, und beobachtete die Häuserreihen, die an ihnen vorbeiglitten. Nach wenigen Minuten war der Wagen auf der Strecke nach Hildesheim und schnurrte nun ruhig durch die sonnige Landschaft.

„Das ist ja ein Traum, Wilhelm – einfach ein Traum!“

Wilhelm lächelte und warf ihr einen kurzen Seitenblick zu.

„Ein Lorelei mit 11 PS – stell dir das einmal vor – in dem Motor ist die Kraft von 11 Pferden! Ich wette, so etwas hast du noch nie gesehen!“

Elfie lächelte glücklich zurück.

„Ich hoffe nur, du weißt, was du da machst. Fahren kannst du ja, aber einfach so einen Wagen nehmen und eine Tour machen – schon allerhand, was du dir erlaubst!“

Wilhelm grinste nur wortlos.

Elfie warf ihm einen irritierten Blick zu, als er nicht antwortete.

„Was ist los, Wilhelm – kennst du etwa den Besitzer?“

„Das kann man wohl sagen – und du kennst ihn auch! Er sitzt neben dir!“

„Was? Du hast diesen Traumwagen gekauft? Bist du verrückt geworden – wovon willst du ihn bezahlen?“

Wilhelm grinste erneut und schwieg.

Der Lorelei schnurrte über die Landstraße. Ein angenehm warmer Fahrtwind wirbelte um die beiden Passagiere und gab ihnen das Gefühl, auf der einsamen Landstraße dahinzuschweben.

In einem der Dörfer machten sie eine kurze Rast und tranken in einem unbesetzten Biergarten eine Berliner Weiße. Als sie zu dem offenen Wagen zurückkehrten, hatte sich die gesamte Dorfjugend in ehrfürchtigem Staunen darum versammelt. Elfie strich über den roten, glänzenden Lack und ging dann zur Fahrerseite hinüber.

„Jetzt bin ich dran – oder traust du dich nicht?“

Es bedurfte keiner weiteren Aufforderung,

um Wilhelm an ihre Seite zu bringen. Er öffnete ihr den Schlag und kaum saß sie hinter dem Steuer, händigte er ihr den Schlüssel auf.

„Du musst auf Zündung stellen und den linken Fuß auf die Kupplung stellen."

Elfie probierte die ungewohnte Fußhaltung aus, und Wilhelm warf mit einer raschen Drehung den Motor an. Dann kletterte er grinsend auf den Beifahrersitz, während Elfie krachend den Gang einlegte. Der Motor heulte auf, und als der Lorelei mit einem Satz auf die Dorfstraße sprang, stieben die entsetzen Kinder in alle Richtungen davon. Wieder schaltete Elfie krachend in den nächsten Gang, beschleunigte, und in wilden, schlingernden Bewegungen fuhr das Auto zum Dorfrand.

„Du machst das prima, scheinst ein Naturtalent zu sein!" rief Wilhelm durch den Fahrtwind und korrigierte kurz am Lenkrad den Abstand zur rechten Straßenseite.

„Das ist einfach himmlisch, Wilhelm – und jetzt wollen wir mal sehen, was in dem Motor steckt!"

In wilder Fahrt ging es auf der Landstraße weiter, bis Elfe nach einer guten Stunde sichtlich erschöpft an den Straßenrand lenkte und sie erneut die Plätze tauschten.

„Unglaublich schön war das – aber auch anstrengend! Ich hätte nie geglaubt, dass Lenken und Schalten so schwierig sein kann!"

Wilhelm lachte laut und fuhr in einer großen Staubwolke mit viel Gas an.

Erst am Abend setzte Wilhelm seine Elfie direkt vor dem elterlichen Haus in der Kaiser-Wilhelm-Straße ab. Leichtfüßig sprang er aus dem Fahrzeug, lief vor dem Kühler herum und öffnete den Wagenschlag.

„Übermorgen ist Sonntag, und meine Eltern sind für eine Woche verreist. Ich erwarte dich zum Mittagessen bei uns."

Damit hauchte sie dem verblüfften Wilhelm einen Kuss auf die Wange und war im Hauseingang verschwunden, ehe er sich noch von dieser Überraschung erholen konnte.

Pfeifend lenkte er den Lorelei in die Stadt zurück und ging in das Hotel am Hagenmarkt, um sich umzuziehen. Seit zwei Tagen hatte er sich hier als Kaufmann eingemietet und die Anschrift für weitere Lieferungen bei verschiedenen Firmen hinterlegt.

Als er seinen Schlüssel in Empfang nahm, erhielt er die Mitteilung, dass zwei bestellte

Anzüge heute geliefert wurden. Er bedankte sich beim Portier und eilte die Treppen hinauf, immer zwei Stufen auf einmal nehmend.

Eine Einladung zu Elfie – er konnte sein Glück nicht fassen. Aber zunächst einmal musste er die Dunkelheit abwarten, um noch einmal zu seiner Oma zu schauen. Sicher sorgte sie sich längst um ihren Enkel, auch wenn er sich mit wichtigen Geschäften entschuldigt hatte.

Gegen 22.00 Uhr verließ er durch einen Hinterausgang das Hotel, über seiner schäbigen Alltagskleidung trug er eine Jacke, für die es eigentlich noch zu warm war. Aber er wollte nicht, dass man ihn in der Umgebung erkannte.

Als er die Leihbücherei erreicht hatte, wunderte er sich darüber, dass die Ladentür unverschlossen war. Nirgends brannte Licht, und als er im Dunkeln endlich die alte Petroleumlampe ertastet hatte und mit dem schlechten Licht in der Hand nach oben ging, blieb alles still.

Die Tür zur Schlafkammer seiner Großmutter stand weit offen, und als er die Lampe hoch hielt, erkannte er ihre verkrümmte Gestalt auf dem zerwühlten Bett.

IX.

Sandelmann stellte einen Doppelkorn und ein Bier auf den Tisch und legte Wilhelm die Hand auf die Schulter.

„Nimm es nicht so schwer, Billy, sie war eine alte Frau und doch schon länger krank. Du musstest damit rechnen. Hier – der geht aufs Haus."

„Alles richtig, was du sagst. Aber ich kann mir nicht verzeihen, dass ich nicht zu Hause war, als es passiert ist."

Wilhelm kippte den Korn hinunter und hob das Bierglas. Eben kam eine neue Gruppe Arbeiter herein, die sich lärmend am Nebentisch niederließ. Ein paar der Männer aus der Konservenfabrik kannten Wilhelm und begrüßten ihn. Aber Wilhelm blieb stumm am Tisch sitzen und starrte auf das geleerte Glas.

„Übrigens haben gestern zwei Kriminale nach dir gefragt", sagte der Wirt, als er erneut ein Bierglas vor Wilhelm abstellte.

„Was? Nach mir? Was wollten die?“

„Dich sprechen. Sie hatten sich eingehend nach den Freunden von Max erkundigt und gefragt, wann du das letzte Mal hier gewesen bist.“

„Blödmänner – was habe ich damit zu tun, wenn Max von einem Polizisten erschossen wird.“ Wilhelm griff nach dem neuen Glas.

„Sie fragen alle, die mit ihm mal ein Bier getrunken haben, nach ihrem Alibi. Und sie sind nicht gerade zimperlich mit ihrer Art. Kann man ja auch verstehen, wo es einen von ihnen getroffen hat.“

„Ach ja? Und was ist mit Max? Das war wohl ein Unfall?“ schrie Wilhelm aufgebracht. Der Wirt machte eine beruhigende Handbewegung.

„Nun reg dich nicht gleich so auf, Billy. Wir alle wissen, dass Max dein bester Freund war. Das wird die Polizei auch erfahren haben, und da wollen sie eben wissen, was du in der Nacht gemacht hast.“

„Na, was schon – gepennt natürlich“, brummte Wilhelm vor sich hin.

„Hoffentlich nicht allein, das wäre sicher besser für die Kriminalen.“ Damit wandte sich

Sandelmann wieder den anderen Gästen zu.

Wilhelm starrte erneut auf den Tisch, dann schlug er plötzlich die flache Hand laut auf die Platte.

„Verflucht noch mal, die sollen mich in Ruhe lassen! Mein bester Freund ist tot, dann finde ich noch meine Oma tot im Bett vor – ich habe die Nase voll und verschwinde aus Braunschweig, so schnell ich kann."

Er stand auf und stieß dabei den Stuhl zurück, der polternd nach hinten fiel. Alle drehten sich um, als Wilhelm leicht schwankend zur Tür ging.

„Ihr werdet noch von mir hören – ich komme noch ganz groß heraus, wartet es nur ab! Ihr werdet euch wundern..."

Der Rest ging in einem brummigen Selbstgespräch unter, als Wilhelm die Tür aufriss und auf die Straße trat.

Einen Moment hielt er sich am Rahmen fest und atmete tief durch. Dann richtete er sich hoch auf, zog seine Jacke stramm und bemühte sich, ohne zu taumeln, die Straße zu überqueren. Für den Weg von der Friesenstraße zum Hagenmarkt benötigte er aber doch längere Zeit, aber zu seinem Glück war die

Hintertür unverschlossen geblieben. Als er ungesehen sein Hotelzimmer erreicht hatte, warf er sich so wie er war auf sein Bett und schlief gleich darauf tief und fest seinen Rausch aus.

*

Mit dem ersten Sonnenstrahl, der durch die nicht richtig zugezogenen Vorhänge in das Zimmer fiel, erwachte Wilhelm und sah sich einen Augenblick verwundert um. Dann erinnerte er sich an die vergangenen Stunden seit er seine Großmutter tot im Bett gefunden hatte.

Noch zu mitternächtlicher Stunde hatte er den Arzt herausgeklingelt, der sie schon einmal behandelt hatte. Der 50-Mark-Schein, mit dem er in der Hand wedelte, ließ den Arzt zwar zuerst stutzen, doch dann folgte er Wilhelm bereitwillig mit dem kleinen Handkoffer.

Er stellte den Totenschein aus und sorgte auf Wilhelms Bitte dafür, dass seine Großmutter am Samstagmorgen von einem Bestatter abgeholt wurde. Während der Nacht hatte Wilhelm die Totenwache gehalten und sich überlegt, was er nun unternehmen wollte.

Auf niemand musste er mehr Rücksicht nehmen, die kleine Leihbücherei würde er Nele überlassen, die zwei Häuser weiter wohnte und immer mal für seine Großmutter Einkäufe erledigt hatte, wenn er den ganzen Tag in der Fabrik gearbeitet hatte oder als Lastwagenfahrer bei einem der zahlreichen Gelegenheitsaufträge unterwegs war. Wie in Trance hatte er am frühen Morgen erlebt, wie der Bestatter mit seinen Helfern und einem einfachen Sarg in die Leihbücherei kam, um seine Großmutter abzuholen.

Dann war er allein in dem kleinen Haus, das ihm aber bald zu eng wurde. Ziellos irrte er durch die Innenstadt, und als er schließlich vor seinem Stammlokal bei Sandelmann stand, war sein Entschluss gefasst. Alles würde sich ändern.

X.

Wilhelm stellte den Lorelei direkt vor der Hausnummer 14 in der Kaiser-Wilhelm-Allee ab und warf einen Blick auf die Häuser der Umgebung.

Ja, hier wohnte das Großkapital von Braunschweig. Im unteren Teil der Straße stand ein prächtiges Haus neben dem anderen, gepflegte Vorgärten nach Bremer Art, weiße Säulen und blitzende Messingknäufe überall zeugten vom Reichtum der Bewohner.

Dann drückte er sich den hellen Sommerhut verwegen in die Stirn, streifte die dünnen Lederhandschuhe ab und stand nach wenigen Schritten bereits vor der Haustür. Kaum hatte er einen blank polierten Klingelzug betätigt, als die Tür auch schon wie von Geisterhand geöffnet nach innen schwang.

Wilhelm versuchte, im Halbdunkel dahinter etwas zu erkennen, aber das helle Sonnenlicht hatte ihn geblendet. Er zögerte, dann klopfte er noch einmal zaghaft an die offene Haustür.

„Herein mit dir – auf was wartest du noch?“ hörte er Elfies Stimme unmittelbar aus dem Halbdunkel. Er trat ein und drückte die Tür hinter sich ins Schloss. Nur ein mattes Gaslicht brannte und warf ein trügerisches Licht auf eine helle Gestalt, die sich ihm näherte. Verwirrt nahm er den Hut ab, als Elfie erschien.

Sie trug einen langen, seidenen Morgenmantel, der mit einer Schleppe hinter ihr über den Boden wischte. Dann stand sie vor ihm, stellte sich auf die Zehenspitzen, um ihm einen Kuss auf die Lippen zu hauchen, und drückte ihm ein Glas in die Hand.

„Herzlich willkommen, Billy. Lass uns den Sonntag genießen.“

Wilhelm lief ein glühendheißer Schauer den Rücken hinab. Das war das erste Mal, dass sie diesen Kosenamen benutzte, aber die nächste Überraschung sollte gleich folgen.

Elfie stieß mit ihrem Glas an seines, nahm einen langen Schluck und schob ihn dann ein wenig durch die erste Tür, die von dem Vorflur in einen großen Salon führte.

Auch hier herrschte Dämmerlicht, die Fenster waren durch dichte Vorhänge verschlossen, und nur einige kleinere Lampen an den reich mit Bildern versehenen Wänden erlaubten ihm überhaupt eine Orientierung.

Er erkannte einen gewaltigen Schreibtisch aus dunklem Holz vor sich, zwei Wände des Raumes waren bis an die Decke mit Bücherregalen gefüllt. Die Ölbilder sahen teuer aus, wie auch die Kristalllüster und die silbernen Leuchter, die überall auf Regalen, Kommoden und kleinen Tischen standen.

„Gemütlich habt ihr es hier“, sagte Wilhelm lächelnd, und drehte sich zu Elfie um, die eben eintrat.

„Warte ab, was ich noch an Gemütlichkeit für dich vorbereitet habe.“

Elfie deutete auf ein Grammophon.

„Kannst du damit umgehen?“

„Warum nicht? Die Frage ist vielmehr, ob du Schimmy tanzen kannst!“

Er warf einen raschen Blick auf die bereit liegenden Platten, wählte eine davon aus, ohne ihre Antwort abzuwarten, zog das Grammophon auf, startete den Teller und setzte die Nadel auf.

Mit einer eleganten, fließenden Bewegung glitt Elfie über den dicken Teppich auf Wilhelm zu und hob erneut ihr Glas. Dabei rutschte ihr

Morgenmantel von den Schultern. Wilhelm schluckte schwer, als er erkannte, dass Elfie nichts weiter trug als ein seidenes Höschen. Da presste sie sich auch schon eng an ihn und begann, nach den Klängen des Grammophons ihr Becken zu schütteln und sich rhythmisch zu bewegen, ohne sich dabei von der Stelle zu entfernen. Wilhelm hatte einen völlig trockenen Mund, nahm rasch einen Schluck Champagner, stellte das Glas irgendwo ab und fiel in den Rhythmus ein, als nun auch die Stimme des Sängers dazu erklang:

Fräulein, bitte woll'n Sie Schimmy tanzen?
Schimmy, Schimmy, ist der Clou vom Ganzen!
Früher einmal machten es die Wilden.
Jetzt gehört's dazu, um sich zu bilden.
Früher war es schocking,
jetzt gehört's zum guten Ton.
Schimmy, Schimmy ist die große Mode,
Schimmy ist die Sensation.

elektrisch aufgenommen
Gloria
GLORIA
25 cm.
SCHALLPLATTE

XI.

Auch das folgende Wochenende verbrachten die beiden gemeinsam, allerdings überwiegend in Wilhelms Hotelzimmer. Zwar waren Elfies Eltern noch immer unterwegs, aber es war den beiden nicht wohl bei dem Gedanken, plötzlich überrascht zu werden.

Wilhelm stand vor dem geöffneten Kleiderschrank und überlegte, welchen Anzug er wohl für den heutigen Ausflug anziehen sollte. Dank seiner noch immer gut gefüllten Brieftasche war die Auswahl groß, und er konnte sich nicht recht entscheiden.

Barfuss war Elfie hinter ihn getreten und schob die Arme unter seinen hindurch, drückte sich gegen seinen Rücken und erkundigte sich mit samtweicher Stimme:

„Was will mir mein Filmheld denn heute bieten? Wieder eine kleine Autoausfahrt? Oder vielleicht einen Ritt über seine Ländereien? Oder vielleicht einen Flug über den Harz?“

Wilhelm wirbelte herum, so dass sie in seinen Armen lag und hob sie hoch.

„Heute wird es vielleicht von allem etwas geben – jedenfalls wird es dir vorkommen wie im Film. Natürlich nur, wenn du willst – und nicht etwa in letzter Minute doch noch ein Schisser bist!“

„Waas? Ich ein Schisser....“ Der Rest ihres Protestes ging in einem leidenschaftlichen Kuss unter, den ihr Wilhelm gab.

„Warte es ab. Auf keinen Fall wird es langweilig, denn ich will doch nicht, dass du enttäuscht bist. Langweiler kennst du ja genug, und heute kannst du beweisen, dass du wirklich Mumm in den Knochen hast und bereit für ein Abenteuer bist.“

Elfie strahlte ihn an.

„Was auch immer dir dazu einfällt – ich mache mit. Ich habe die ganze Woche nur für diese Stunden gelebt. Endlich habe ich das Gefühl, das wirkliche Leben zu entdecken – und nichts soll mich dabei aufhalten, Billy!“

Wilhelm war plötzlich ernst geworden und sah sie nachdenklich an. Als er sie auf den Boden setzte, griff er zu einem nagelneuen, weißen Anzug. Das Jackett zog er vom Bügel und warf es auf einen Stuhl, um die Hose anzuziehen.

Erstaunt betrachtete Elfie das nachlässig hingeworfene Jackett, das mit einem merkwürdig dumpfen Laut auf dem Stuhl gelandet war und jetzt langsam auf den Boden rutschte.

„Sieht so aus, als hättest du etwas Schweres in der Brusttasche – sollte das vielleicht deine Brieftasche sein?"

Wilhelm schloss den Hosenbund und griff nach dem Jackett.

„Meine Brieftasche ist es nicht, eher mein Handwerkszeug – hier, halte es mal kurz, damit ich das Jackett ordentlich anziehen kann."

Mit diesen Worten griff er in die Innentasche und zog einen schweren Gegenstand heraus.

Elfie stieß einen kleinen Schrei aus und starrte auf seine Hand.

„Ein ... ein Revolver? Was hast du vor?"

Wilhelm grinste diabolisch und drückte ihr dabei die Hand in die Waffe.

„Es ist eine Pistole. Hier, halt sie und fühl mal das kalte Metall – wie ist das für dich?"

Einen Augenblick wirkte Elfie noch erschrocken und zögerte. Dann hob sie langsam die Hand mit der schweren Waffe in Kopfhöhe und zielte damit aus dem Fenster.

„Wow! Was für ein irres Ding!“ stieß sie aus und ließ die Waffe wieder sinken. Dann hob sie erneut den Arm und visierte die Lampe an. „Was passiert, wenn ich abdrücke?“

„Halt, nicht so ungestüm, Madame!“ sagte Wilhelm lachend und nahm ihr die Pistole aus der Hand. „Du bringst es noch fertig und schießt mir das Hotelzimmer auseinander!“

Elfie lehnte sich an ihn und warf einen Blick auf die Waffe, die Wilhelm im nächsten Moment in den Hosenbund schob.

„Sie ist tatsächlich geladen?“

„Natürlich. Aber auch noch gesichert. Damit du nicht auf dumme Gedanken kommst.“

„Hast du damit schon geschossen? Komm, Billy, lass uns irgendwo hinfahren, wo wir die Pistole probieren können. Warte – ich bin gleich fertig und wir können starten!“

Elfie lief hektisch durch das Hotelzimmer, um ihre Sachen einzusammeln und das Hängerkleid überzustreifen, das sie für ihren heutigen Ausflug ausgesucht hatte.

„Glaubst du, du kannst damit umgehen?“

„Kleinigkeit – du musst mir nur erklären, was man machen muss, um zu schießen. Ich meine, die Sicherung entfernen und so.“

„Diese Pistole habe ich für dich vorgesehen, meine sieht etwas anders aus.“ Mit diesen Worten griff Wilhelm nach einem der Schuhkartons, die hinten im Schrank standen, und legte ihn auf das Bett. Dann hob er den Deckel ab und griff nach der Pistole 08, die Max bei seinem Einbruch entdeckt hatte.

„Hui, die sieht ja noch gefährlicher aus!“ rief Elfie vom Schminktisch herüber, vor dem sie sich gerade die Lippen nachzog. „Was ist das denn für ein Ding, und warum brauchst du gleich zwei davon?“

„Überraschung!“ lachte Wilhelm statt einer Antwort und steckte die Pistole in eine lederne Aktentasche. „So, Madame – ich bin bereit zum Ausgehen – können wir endlich starten?“

Elfie warf einen Blick in den Spiegel und musterte dabei Wilhelm. Ein eigenartiges, unbeschreibliches Gefühl durchschauerte sie bei seinem Anblick. Sie hatte sich nicht geirrt. Dieser Junge war nicht einfach eine billige Kopie eines Filmstars. Er war ein echter Draufgänger und dazu ein leidenschaftlicher Liebhaber. Der langweilige Alltag einer Tochter aus gutem Hause gehörte endlich der Vergangenheit an. Wilhelm Müller konnte ihr an einem Tag mehr prickelnde Abwechslung bieten als eine ganze Woche voller langweiliger Gesellschaftsabende mit Champagner und den immer gleichen Grammophonklängen, zu denen sich blasse Unternehmer, kleine Bankangestellte und aufstrebende Wirtschaftsgrößen bei ihren Eltern regelmäßig zusammenfanden. Sie sprang von dem Stuhl auf, drehte sich einmal um die ganze Achse und strahlte ihren Helden an.

„Na – wie gefalle ich dir?“

„Du bist einfach unglaublich – eine dufte Biene, Elfie.“

Sie runzelte bei diesem Kompliment die Stirn, aber gleich darauf küsste er sie erneut und zog sie dann zur Tür.

„Wenn wir jetzt nicht endlich aufbrechen, verpassen wir noch das Beste, Elfie – und du würdest das mit Sicherheit bereuen.“

„Ich bin gespannt, was du vorhast, Billy. Und wann probieren wir die Pistolen aus?“

„Ein klein wenig Geduld. Wir fahren zunächst in Richtung Harz, machen ein paar nette Schießübungen und verbringen dann den Nachmittag in Bad Harzburg.“

„In Bad Harzburg? Willst du den so aufregend begonnenen Tag etwa mit einem spießigen Spaziergang beenden?“

„Warte es doch einfach ab! Wir gehen zur Rennbahn, aber ein Spaziergang wird es ganz bestimmt nicht.“

Damit hatte er bereits den Lift erreicht und drückte den Knopf. Nur wenige Minuten später waren sie in dem Lorelei unterwegs. Erneut meinte es Petrus besonders gut mit dem Sonnenschein, und mit weit zurückgeschlagenem Verdeck schnurrte der rote Wagen die Landstraße entlang.

Lorelei M 8

XII.

Als der geschlossene Lastwagen die Stadt hinter sich gelassen hatte, lehnte sich der Fahrer entspannt zurück.

„Hast du mal 'ne Zigarette?" erkundigte er sich bei seinem Beifahrer.

„Klar, Moment – ich steck' sie dir an, sonst hangelst du mir hier quer durch den Wagen und wir landen noch an einem der Chaussee-Bäume."

Gleich darauf rauchten beide schweigend, während der Lastwagen über die Straße brummte. Sie hatten gerade Vienenburg passiert und konnten wieder beschleunigen, denn die Landstraße vor ihnen war frei.

„War ja wieder ein toller Betrieb auf der Bahn", sagte der Beifahrer und warf den Zigarettenstummel aus dem Fenster. „Als ob die Leute keine anderen Sorgen haben – Wetten, Wetten, Wetten."

„Na ja, sei doch froh, Frank – auf diese Weise haben doch alles etwas davon! Die Reichen können ihr Geld vergeuden, und wir haben dadurch unsere Posten. Ist doch wie ein kleiner Lottogewinn – jeden Sonntagabend bringen wir die Einnahmen nach Braunschweig und werden für den ganzen Tag bezahlt. Wenn ich mir das so früher überlegt habe, wie mühsam das tägliche – was ist denn das da vorne?“ unterbrach sich der Fahrer selbst.

„Sieht aus wie ein Unfall oder so was, fahr mal langsamer!“

Der Lastwagen reduzierte die Fahrt, als ein knallrotes, offenes Fahrzeug deutlich erkennbar auf der Straße stand. Der Wagen stand leicht schräg und blockierte die eine Straßenhälfte, eine junge Frau stand daneben und winkte von weitem mit beiden Armen.

„Na, die scheint eine Panne zu haben, Heinz. Halt doch mal da vorne an.“

„Ist das nicht zu gefährlich, Frank? Denk’ mal dran, was in dem Kasten hinter uns ist und da..“

„Blödsinn, du siehst doch am helllichten Tag Gespenster! Was soll denn die Kleine mit uns beiden machen, wenn wir ihr helfen?“

Der Lastwagen hielt kurz vor dem Wagen

an, und gleich darauf sprang Frank schon hilfsbereit aus der Fahrerkabine.

„Na, schöne Frau, woran fehlt es denn?“ rief er fröhlich der Dame zu, die ihm lächelnd entgegensah.

„Ich weiß auch nicht, was es ist – plötzlich bockte der Motor und machte ganz komische Geräusche. Kennen Sie sich damit aus, guter Mann? Ich muss dringend nach Hause, wir erwarten noch Gäste, und mein Mann wird sicher schon ganz nervös sein, weil ich noch immer nicht zurück bin.“

Frank sah auf das Fahrzeug, dann auf die Frau. ‚So jung und schon verheiratet!’ dachte er, als er einmal um das Fahrzeug ging und nach den Reifen sah. ‚Aber so ist das bei den Leuten – Geld kam zu Geld, und dass die hier vor Geld förmlich stank, das bemerkte er auch sofort. Schon so ein nobler Wagen – was war das eigentlich für eine Marke?’

Er hatte den Wagen umrundet und schob sich lächelnd die Schirmmütze in den Nacken.

„Ja, gute Frau, da müssen wir wohl einmal unter der Motorhaube nachsehen – haben Sie vielleicht etwas Werkzeug dabei?“

„Moment, ja gleich – warten sie...“

Die junge Dame beugte sich über die geöffnete Wagentür und griff hinein. „Ich glaube, das hier genügt!“ sagte sie dann und richtete sich auf.

Frank glaubte, seinen Augen nicht zu trauen. „Aber... aber das ist ja....“ stammelte er nur und warf einen verzweifelten Blick zurück zum Lastwagen. Dort stand plötzlich ein Mann in einem weißen Leinenanzug, den hellen Sommerhut tief in die Stirn gedrückt, auf dem Trittbrett und hielt seinem Fahrer Heinz eine große Pistole an den Kopf.

„Raus da und den Kasten aufgeschlossen!“ herrschte er ihn an.

„Sind Sie total übergeschnappt?“ gab der Fahrer zurück. Im gleichen Augenblick hatte der Mann die Tür aufgerissen und schlug ihm den Lauf der Pistole ins Gesicht.

Heinz schrie auf und griff nach seiner zertrümmerten Nase, aus der das Blut herausschoss. Der Schmerz raste durch seinen Kopf und trieb ihm Tränen in die Augen. Brutal riss ihn der Mann von seinem Sitz herunter, und ehe der Fahrer noch abwehrend die Hände vorstrecken konnte, schlug er hart auf der Straße auf. Eine Schmerzwelle durchzuckte ihn von Kopf bis Fuß und gleich darauf versank er in schwarzer Umgebung.

Der Mann mit der Waffe beugte sich über ihn, zog den Schlüssel aus seiner Jackentasche und hatte gleich darauf den Laderaum aufgeschlossen.

Frank stand wie gelähmt vor der jungen Frau und verstand nicht, was da bei dem Lastwagen geschah. Als er einen zaghaften Schritt in die Richtung machen wollte, fühlte er einen harten Gegenstand in seinem Rücken.

„Noch einen Schritt weiter, und Sie sind tot“, zischte ihm die Frau zu.

„Aber Sie können doch nicht...“

„Natürlich können wir, und jetzt ruhig und keine falsche Bewegung, sonst kracht es!“

Frank hatte die Hände gehoben und blieb erstarrt stehen. Die Frau hatte eine kalte, mitleidslose Stimme und er hegte keinen Zweifel, dass sie ihn erschießen würde.

Es verging eine ganze Zeit, in der der Mann im Inneren des Lastwagens hantierte, dann erschien er wieder und zog einen großen Sack hinter sich her über die Straße, hob ihn mit sichtlicher Mühe empor und warf ihn auf die Hintersitze seines Autos.

„Kinderleicht, Schätzchen, wie ich es dir gesagt habe. Halte die Kerle noch in Schach, damit ich den Wagen starten kann."

„Was machen wir mit den Burschen jetzt?"

Der Mann drehte die Kurbel, und der Motor sprang an.

„Wir knallen sie hier ab und werfen sie in den Straßengraben!" tönte die Antwort zurück.

„Das können Sie doch nicht machen – wir haben Familie! Bitte – wir verraten Sie auch nicht!" rief Frank mit einem verzweifelten Blick auf seinen ohnmächtigen Kollegen.

„Halt deinen Mund und dreh' dich ja nicht um!" zischte ihm die Frau zu.

Gleich darauf hörte Frank ihre Schritte, eine Wagentür schlug zu, der Motor heulte auf. Erleichtert wollte er sich gerade umdrehen, als in rascher Folge zwei Schüsse durch den Motorenlärm krachten.

Frank brach in die Knie, er spürte, wie ihm der Schweiß aus allen Poren brach und in Bahnen den Rücken herunterlief. War er getroffen? Aber er fühlte keinen Schmerz, und als er sich jetzt auf den Knien zum Auto umdrehte, war das bereits schon ein ganzes Stück auf der Landstraße unterwegs.

„Los, auf, Frank, die müssen wir erwischen!" drang plötzlich die Stimme seines Fahrers zu ihm. Verwundert sah er zu Heinz und erkannte, dass der sich mühsam am Reifen hochgezogen hatte und eben versuchte, in den Lastwagen zu klettern. „Schnell, sie dürfen uns nicht entkommen, Frank! Wo ist deine Waffe?"

Frank sprang auf und taumelte einen Moment, dann zwang er sich, zum Lastwagen zu gehen. Kaum hatte er das Trittbrett bestiegen, als Heinz krachend den Gang einlegte und das Gaspedal durchdrückte. Der Motor war die ganze Zeit gelaufen und hatte seine Betriebstemperatur.

„Da vorne fährt das saubere Pärchen, Frank, los, mach dich schussbereit, die kriegen wir noch! Das wäre doch gelacht!"

Frank sah seinen Fahrer irritiert an. Heinz bot einen wüsten Anblick, das Gesicht blutverschmiert, ebenso die Ärmel seiner Jacke, mit denen er sich das Gesicht abgewischt hatte. Schmerz und Wut mischten sich zu einer Fratze, und Frank staunte über die Verwandlung seines sonst so ruhigen Kollegen.

„Nun mach doch schon, schieß aus dem Seitenfenster, wir haben nichts zu verlieren!"

Frank zögerte noch einen Augenblick, dann lud er die Waffe durch, beugte sich aus dem offenen Fenster und zielte auf den vor ihnen fahrenden Wagen.

Kaum hatte er den Abzug schnell hintereinander mehrfach gedrückt, als die beiden Männer bemerkten, wie der rote Wagen einen Schlenker auf der Fahrbahn machte. Gleich darauf aber fuhr er wieder sicher und schien zu beschleunigen.

„Gleich noch einmal, die hast du schon erwischt, los, Frank, gib es den Mistkerlen!“

Frank feuerte erneut, dann sank er auf seinen Sitz zurück.

„Hat doch keinen Sinn mehr, Heinz, die sind zu schnell für unser lahmes Muli!“

Aber der Fahrer hörte nicht, verbissen hielt er das Lenkrad fest, trat das Gaspedal bis auf den Boden durch und fuhr in der Mitte der Straße.

Für einen kurzen Moment schien es tatsächlich so, als würden sie den roten Flitzer einholen können. Aber dann erkannte der Fahrer seinen Fehler und bremste so heftig ab, dass Frank gegen die Scheibe flog.

„He, bist du verrückt geworden?“

„Duck dich, schnell!“ schrie ihm Heinz zu und versuchte, hinter dem Lenkrad unterzutauchen, als plötzlich die Windschutzscheibe zersprang und ihre Splitter in einem Schauer über sie ergoss.

„Verdammt noch mal, jetzt schießen sie zurück, bleib unten, bleib bloß unten!“

Die beiden Männer hörten noch mehrere Schüsse und die harten Einschläge im vorderen Bereich des Lastwagens. Dann heulte ein Motor auf und entfernte sich von ihnen. Nach einer ganzen Weile schauten sie vorsichtig durch die zerschossene Scheibe. Von dem roten Wagen war nur noch ein kleiner Punkt in der Ferne zu sehen.

Frank war ausgestiegen und besah sich den Motorblock, aus dem in einem dünnen, schwarzen Strahl das Öl lief.

Wütend trat er gegen den Reifen und schimpfte dabei laut vor sich hin.

Eiskalter Überfall auf Geldtransport! *Ein Verbrecherpärchen täuschte auf der Landstraße zwischen Bad Harzburg und Braunschweig eine Autopanne vor, als der Lastwagen mit den Wetteinnahmen aus Bad Harzburg kam.*

Brutal wurden die Fahrer zusammengeschlagen und die Einnahmen gestohlen. Als die bewaffneten Fahrer die Verfolgung aufnahmen und auf die Verbrecher schossen, feuerten die auf den LKW und brachten ihn zum Halt. Die Täter entkamen in einem roten Automobil mit geöffnetem Verdeck.
Braunschweigische Anzeigen vom 15.8.1920

XIII.

Wilhelm schrak aus tiefem Schlaf hoch, als ihn eine kräftige Hand schüttelte. Sein Herz klopfte bis in den Hals, als er versuchte, sich aufzurichten. Jemand blendete ihn mit einer starken Lampe, Hände drückten ihn auf sein Lager.

„Wilhelm Müller? Im Namen des Gesetzes verhafte ich Sie. Widerstand ist zwecklos, das Haus ist umstellt."

„Was ist los?" stammelte Wilhelm schlaftrunken. Er versuchte, in seiner kleinen Kammer jemand zu erkennen. Mehrere dunkel gekleidete Männer standen um sein Bett und vereitelten jeden Gedanken an Flucht. Jetzt wurde er hochgerissen, seine Arme nach hinten gedrückt und gleich darauf spürte er die kalten Metallbänder, die sich um seine Gelenke schlossen.

„Was soll das – was wollen Sie von mir?"

Der Mann mit der Lampe leuchtete ihm ins Gesicht, und Wilhelm schloss die Augen.

„Da fällt uns eine ganze Menge ein, Herr Müller. Vor allem aber Einbruch und Mord an einem Polizisten!"

„So ein Unsinn – was habe ich damit zu tun?"

„Das werden wir auf der Wache klären – abführen, den Mann. Hier wird alles gründlich untersucht, auch die Dielen unter seinem Bett und drüben der Raum seiner Großmutter. Drei Mann begleiten mich, beim geringsten Fluchtversuch zögert nicht, ihm in die Beine zu schießen."

Wilhelm wurde zu der schmalen Stiege gestoßen, die in die Leihbücherei führte. Er taumelte und wäre um ein Haar die Stufen hinabgestürzt, hätte ihn nicht einer der Polizisten am Kragen gepackt.

„Immer schön langsam, mein Bursche, damit

wir auch gut in der Münzstraße ankommen, nicht wahr? Wäre doch zu schade, wenn du dir schon unterwegs den Hals brichst."

Die drohenden Worte konnten Wilhelm nicht einschüchtern. Was wollte die Polizei von ihm? Nach dem Überfall auf die Wettgelder von Bad Harzburg war er nach Beseitigung aller Spuren wieder in sein altes Quartier zurückgegangen. Der auffällige rote Lorelei befand sich in einer Scheune bei Rüningen, zugedeckt mit etlichen Ballen Stroh. Die Waffen lagen längst auf dem Grund der Oker, und die Beute hatte er auf mehrere Verstecke verteilt. Er war nicht so leichtsinnig, noch irgendeinen Hinweis auf seine Aktivitäten im Haus seiner Großmutter aufzubewahren. Aber es ging gar nicht um Bad Harzburg, wenn er die Worte richtig verstanden hatte. Man brachte ihn mit dem Einbruch am Wilhelmitorwall in Verbindung, und Wilhelm fühlte sich unbehaglich.

Auch in der Leihbücherei brannte Licht, und ein paar uniformierte Polizisten rissen die Bücher aus den Regalen und durchsuchten den gesamten Raum. Wilhelm wollte erneut protestieren, erhielt aber als Antwort nur einen Stoß in den Rücken.

Auf der Straße stand ein Gefängniswagen bereit, in den er nun gebracht wurde. Seine Handschellen wurden aufgeschlossen und gleich darauf über eine Stange im Inneren des Fahrzeugs geführt und erneut verschlossen. Offenbar wollte man kein Risiko eingehen. Wilhelm Müller schien für die Polizei ein gefährlicher Verbrecher zu sein, und bei dem Gedanken an mögliche Hinweise auf seine Täterschaft war ihm nicht wohl zumute.

Schon nach kurzer Fahrt hielt der Transporter in der Münzstraße vor dem Polizeirevier. Die Schließprozedur wiederholte sich, und vor dem Aussteigen fesselte man ihm die Hände erneut auf den Rücken. Gleich darauf ging es in das Gebäude, eine längere Treppe führte hinab zu den Arrestzellen, in die man Wilhelm schob. Erst hier nahm man ihm die Handschellen ab.

„Was soll das jetzt werden – ich will einen verantwortlichen Kommissar sprechen!" rief Wilhelm, als seine Bewacher die karge Zelle verließen und die Tür hinter sich zuschlugen.

„He – das könnt ihr doch nicht machen! Ich will sofort den Kommissar sprechen!" rief er ihnen hinterher, als die Riegel von außen vorgeschoben wurden und ein Schlüssel sich mehrfach im Schloss drehte.

Keine Antwort kam von den Polizisten, und als Wilhelm wütend gegen die Tür schlug, hörte er die sich entfernenden Schritte auf dem Gang.

Verzweifelt stand er in der dunklen Zelle, in der es nach Urin und Schweiß stank. Dann tastete er sich zu der Holzpritsche an der Wand vor und ließ sich darauf fallen.

Was sollte das bedeuten? Warum behandelte man ihn so, als sei er ein überführter Verbrecher? Sie konnten ihm nichts beweisen – oder doch?

Erneut schreckte Wilhelm hoch, als er den Schlüssel hörte. Verwirrt sah er sich in der Zelle um und fuhr sich dann durch die Haare. Er war tatsächlich in diesem Dreckloch eingeschlafen, hatte sich auf die Pritsche ausgestreckt und mit der schmuddeligen Wolldecke zugedeckt.

Jetzt traten zwei uniformierte Polizisten ein, offenbar, um ihn zum Verhör abzuholen.

„Aufstehen und mitkommen, Müller. Und keine Fisimatenten, sonst rauscht es im Karton, verstanden?“ schnauzte ihn einer der Polizisten an.

„Ist ja schon gut, Wachtmeister. Gibt es Frühstück?“ Wilhelm grinste den Beamten an.

„Wir sind hier kein Hotelbetrieb. Aber daran wirst du dich bald gewöhnt haben. Jetzt vorwärts, du wirst erwartet.“

Damit griff er ihn grob am Arm und zerrte ihn zur Tür. Ein weiterer Polizist stand auf dem dunklen Flur, der Mann neben ihm ließ seinen Arm nicht wieder frei, und der dritte Polizist folgte ihnen auf dem Fuß.

Wilhelm setzte ein unbekümmertes Gesicht auf und pfiff leise vor sich hin, als er in das Erdgeschoss gebracht und dort in einem Büro Platz nehmen musste. Zwei Polizisten standen breitbeinig rechts und links neben ihm, der dritte Mann hatte den Raum verlassen und nahm mit Sicherheit seinen Posten auf dem Flur ein. Wilhelm war beeindruckt, wie viel Aufhebens um seine Person gemacht wurde.

Die Tür öffnete sich erneut, und Kommissar Gehrke trat ein.

„Morgen, Müller – gut geschlafen?“ begrüßte ihn der Kommissar und nahm auf der anderen Seite des Schreibtisches Platz. Vor ihm lagen ein paar Akten, die er achtlos zur Seite schob.

Dann suchte er in seiner Anzugtasche nach Zigaretten, zündete sich eine an, blies den Qualm zu Wilhelm hinüber und lehnte sich zurück.

„Kommissar Gehrke – das ist aber eine Überraschung!“ sagte Wilhelm lakonisch.

„Nicht wahr? Du musst dich ja sehr sicher gefühlt haben, dass du sanft und selig wie ein Baby in deinem Kämmerchen schlummerst, während ganz Braunschweig nach dir fahndet.“

Gehrke nahm erneut einen tiefen Zug, inhalierte und stieß den Rauch aus.

Wilhelm sah ihn ruhig ins Gesicht.

„Herr Kommissar – zunächst einmal verbitte ich mir die Duzerei. Ich wüsste nicht, dass wir schon mal ein Bier zusammen getrunken haben. Für Sie bin ich immer noch Herr Müller. Und von einer Fahndung weiß ich nichts. Ich war ein paar Tage unterwegs und habe Arbeit gesucht – hier in Braunschweig sind die Möglichkeiten ja nicht gerade umwerfend.“

„Und wo genau waren Sie arbeiten, Müller?“

Wilhelm schwieg einen Augenblick und sah den Kommissar herausfordernd an.

„Ich wüsste wirklich nicht, was Sie das angeht, Herr Kommissar. Außerdem möchte ich auch eine Zigarette und eine Tasse Kaffee, ich hatte heute noch kein..."

Gehrke schlug wütend mit der flachen Hand auf die Schreibtischplatte und unterbrach Wilhelm.

„Jetzt passen Sie mal gut auf, Müller, und werden Sie hier nicht frech, sonst ziehe ich ganz andere Seiten auf, das können Sie mir glauben!"

„Wer friedliche Bürger nachts aus den Betten zerrt und in Fesseln in eine Zelle sperrt, schreckt sicher nicht vor anderen Methoden zurück, das glaube ich sofort."

Gehrke war aufgestanden, stützte sich mit beiden Händen an seiner Schreibtischkante ab und bog den Oberkörper vor.

„Müller, Sie sitzen knüppeldick in der Scheiße, das kann ich Ihnen garantieren. Wir haben Sie dran wegen Mittäterschaft bei einem Einbruch und bei dem Mordanschlag auf einen Polizisten. Und kommen Sie mir nicht mit irgendwelchen Alibigeschichten von Kartenrunden bei Sandelmann. Das läuft bei mir nicht."

Gehrke setzte sich wieder, drückte mit fahrigen Bewegungen die Zigarette im Aschenbecher aus und nahm sich eine neue aus der Schachtel.

Wilhelm blieb völlig unbeeindruckt sitzen. Kein Muskel zuckte in seinem Gesicht, aber die Gedanken jagten ihm durch den Kopf.

‚Was hatte das zu bedeuten? Hatte Gehrke schon mit seinen Freunden bei Sandelmann gesprochen? Verflucht, er hatte das Alibi vernachlässigt. Natürlich würden sie jederzeit beschwören, dass er zum fraglichen Zeitpunkt mit ihnen Karten gespielt hatte – aber dazu musste man den Zeitpunkt fest abgesprochen haben! Was war nur in ihn gefahren, diese Geschichte nicht gleich wasserdicht zu machen? Jetzt kam alles auf Elfie an!'

„Also, jetzt mal unter uns und wie bei vernünftigen Menschen“, begann der Kommissar erneut, nachdem er zwei Züge gemacht hatte. „Wir wissen, dass Sie der beste Freund von Max waren, Max Bierstaedt von Bierstaedts Kohlenhandlung. Sie und Bierstaedt sind in der Villa am Wilhelmitorwall eingestiegen und haben sie ordentlich leer geräumt. Auf der Flucht sind Sie dann dem Beamten in die Arme gelaufen und haben ihn erschossen.“

Gehrke hielt einen Moment inne und musterte Wilhelm. Dann öffnete er eine Tür an seinem Schreibtisch, holte eine Thermosflasche hervor, schraubte den Becherverschluss auf und schenkte sich von der dampfenden Flüssigkeit ein. Wilhelm schluckte, als das Kaffeearoma durch den Zigarettenqualm drang und ihm in die Nase stieg.

Der Kommissar nahm den Becher in beide Hände, pustete eine Weile hinein und probierte dann vorsichtig einen Schluck. Während der gesamten Zeit beobachtete er Wilhelm.

„Meine Herren, lassen Sie uns allein. Der Posten vor der Tür bleibt natürlich!“ gab Gehrke den beiden Polizisten seine Anweisung. Die Männer salutierten kurz und knapp, drehten sich auf dem Absatz um und traten auf den Flur. Als die Tür sich hinter ihnen schloss, lehnte sich Gehrke wieder über den Schreibtisch.

„Wir haben viel Zeit, Müller, unendlich viel Zeit. Und glauben Sie mir, am Schluss werden Sie mir doch alles erzählen. Das können wir abkürzen. Sie sagen mir, was in der Nacht vom 21. auf den 22. Juli passiert ist, und dann haben wir es hinter uns.“

„Ich habe damit nichts zu tun, und das wissen Sie, Herr Kommissar."

„Oh nein, Müller, so kommen Sie mir nicht davon. Max Bierstaedt hatte jemand bei sich. Und komisch – wen immer wir nach seinen Freunden fragen, nennt uns Ihren Namen. Ist doch seltsam, oder?"

Wilhelm zuckte gleichgültig die Schultern.

„Habe ich nie bestritten. Max und ich waren gute Freunde. Aber bei seinem Tod war ich nicht dabei, da müssen Sie schon einen anderen suchen, Herr Kommissar."

Gehrke war sichtlich verärgert, als er erneut an seiner Zigarettenschachtel herumfummelte, sich die letzte herausholte, anzündete und erneut Wilhelm schweigend und rauchend ansah.

„Sie haben kein Alibi, Müller. Sie waren nicht in der Kneipe bei ihrer üblichen Runde, das haben wir längst überprüft. Und auch Ihre Großmutter konnte nicht bestätigen, dass sie in der fraglichen Zeit zu Hause waren."

Wilhelms Augen zuckten, und seine rechte Hand ballte sich unwillkürlich zur Faust.

„Dann waren Sie das also, der meiner alten Großmutter so zugesetzt hat, dass sie danach elend und allein in ihrer Wohnung gestorben ist?“ Seine Stimme hatte einen gefährlichen Unterton, und Gehrke fürchtete für einen Moment, dass der Mann sich auf ihn stürzen würde.

„Wir haben nach Ihnen gesucht und Ihre Großmutter dazu vernommen, das ist richtig. Als wir gegangen sind, war sie noch ganz munter. Es sollte mir leid tun, wenn die Aufregung zu stark für sie gewesen ist.“

Gehrke zog erneut an seiner Zigarette und wartete ab.

„Meine Großmutter war eine alte, kranke Frau. Sie sind bei ihr eingedrungen und haben sie bedrängt. Ihre Stimmen waren so laut, dass die Nachbarn einzelne Worte verstanden haben. Sie sind schuld am Tod meiner Großmutter!“

Wilhelm sah den Kommissar hasserfüllt an. „Oh nein, Müller, so nicht! Die alte Frau geht auf Ihr Konto, nicht auf meins! Wenn sie sich tatsächlich so aufgeregt hat, dass sie einen Herzanfall erlitt, dann sind nur Sie Schuld – niemand anderes. Sie hätten der alten Frau das alles ersparen können, wenn Sie nicht auf den Polizisten geschossen hätten!“

„Das war ich nicht! Wie oft soll ich das noch

sagen! Ich habe damit nichts zu tun, und Sie haben eine alte Frau so behandelt, dass Sie kurz darauf gestorben ist!“

Gehrke lehnte sich zurück, griff erneut nach den Zigaretten, knüllte die leere Schachtel wütend zusammen und warf sie in die Ecke.

„Müller, Sie versuchen, hier die Rollen zu vertauschen! Tatsache ist, dass Sie mit Ihrem Freund einen Einbruch verübt haben, und als Sie von der Polizei gestellt wurden, haben Sie kaltblütig einen Beamten erschossen! Der Mann hatte Familie und zwei kleine Kinder!“

„Ach so, und das rechtfertigt natürlich, wie Sie mit meiner Großmutter umgegangen sind?“

Gehrke war aufgesprungen und schrie sein Gegenüber an:

„Was unterstehen Sie sich? Sie sind ein gemeiner Dieb und Mörder, und ich werde das beweisen. Dann können Sie im Zuchthaus darüber nachdenken, wer Schuld am Tod Ihrer Großmutter hat, verdammt noch mal!“

Wilhelm hatte sich wieder unter Kontrolle und wirkte jetzt eiskalt. Je mehr der Kommissar in Rage kam, desto mehr zwang sich Wilhelm zur absoluten Ruhe. *‚Er blufft nur, er hat* *nichts in der Hand gegen mich.'*

In diesem Augenblick zog Gehrke eine Schublade auf und legte gleich darauf eine Pistole vor sich auf den Schreibtisch. Dabei sah er Wilhelm lauernd an.

„Was soll das jetzt werden?" erkundigte der sich lakonisch.

„Erkennen Sie die Waffe?"

„Ich bin mir nicht sicher – könnte eine Walther sein, oder?"

Gehrke drehte die Pistole so, dass der Lauf direkt auf Wilhelm zeigte.

„Aha, Sie erkennen also diese Waffe?"

„Ich erkenne nicht diese Waffe, Herr Kommissar, sondern ich erkenne eine Waffe auf Ihrem Schreibtisch, deren Lauf auf mich gerichtet ist. Ich wurde 1917 Soldat, war an der Front und habe mehr als eine Pistole gesehen, allerdings waren wir nicht mit einer Walther ausgerüstet ."

„Dies ist die Waffe, mit der Sie in der Nacht vom 21. auf den 22. Juli einen Polizeibeamten erschossen haben."

Wilhelms starres Gesicht verzog sich zu einem breiten Grinsen. *‚Na prima, jetzt hatte der Kommissar verspielt. So eine alberne Falle!'*

Wilhelm wusste, dass die Schusswaffe sicher auf dem Grund der Oker ruhte. Gehrke wollte ihm eine Falle stellen!

„Herr Kommissar, wenn Sie nicht wollen, dass ich gleich gellend laut um Hilfe schreie und den Beamten vor der Tür erkläre, dass Sie mich mit einer Schusswaffe bedroht haben, dann lassen Sie diesen Unsinn. Ich habe für die fragliche Nacht ein einwandfreies Alibi. Und jetzt ist Schluss mit Ihrem Verhör, ich werde mich über Sie beschweren. Sie haben mich ohne Verhör eingesperrt, jetzt sitze ich Ihnen schon eine Stunde gegenüber, und noch immer haben Sie mir keinen Anwalt gerufen."

Gehrke tat überrascht.

„Ach, Sie brauchen also einen Anwalt?"

Wilhelm nickte.

„Ganz offenbar, denn hier wird das Recht so verbogen, dass unschuldige Menschen leiden und sogar zu Tode kommen. Ich sage ab sofort nichts mehr und verlange, dass Sie Herrn Dr. Arthur Eckebrecht anrufen. Alles weitere dann in seiner Gegenwart."

Damit lehnte er sich zurück, schlug die Arme unter und sah aus dem Fenster. Die Sonne schien bereits kräftig am frühen Morgen. Alles versprach wieder einen schönen Spätsommertag.

„Dr. Eckebrecht? Das kann ja wohl nicht Ihr Ernst sein, Müller. Wie soll sich ein einfacher Tagelöhner und Gelegenheitsdieb wie Sie sich einen so teuren Anwalt leisten können? Was spielen Sie hier eigentlich für eine Rolle? Den ganz großen Max, was?"

Wilhelm starrte bewegungslos aus dem Fenster und zuckte noch nicht einmal zusammen, als Gehrke erneut auf die Tischplatte schlug.

„Müller, ich kriege Sie, das schwöre ich Ihnen. Ich werde den Tod unseres Kollegen restlos aufklären, da kann Ihnen auch kein noch so tüchtiger Rechtsanwalt helfen."

„Haben Sie seine Telefonnummer oder soll ich sie Ihnen aufschreiben? Ich erwarte Dr. Eckebrecht innerhalb der nächsten halben Stunde hier."

Gehrke stürmte an ihm vorbei, riss die Tür auf und brüllte auf den Flur hinaus: „Abführen den Kerl – sofort abführen! Dass er mir aus den Augen kommt!"

Wilhelm stand gelassen auf und warf einen

Blick auf die Pistole, die noch immer offen auf dem Schreibtisch lag. Dann drehte er sich lächelnd zu den eintretenden Polizisten um und hielt ihnen bereitwillig die Hände entgegen.

Gehrke stand in der Tür und gab den Männern ein Zeichen, die Handschellen nicht zu benutzen. Dann ging alles sehr schnell. Wilhelm wartete auf seiner Pritsche, bis endlich seine Zelle erneut aufgeschlossen wurde.

Ein sehr elegant gekleideter Herr mit Brille und Aktentasche trat in den Raum und schüttelte ihm die Hand.

„Herr Müller, sehr erfreut, Sie hier herausholen zu dürfen. Der Kommissar war sehr entgegenkommend und hat mir keinerlei Hindernisse in den Weg gelegt. Fräulein Elfie hat natürlich Ihr Alibi bestätigt – aber das stand ja wohl außer Zweifel.“

Wilhelm war bei seinem Eintritt aufgesprungen und schüttelte dem Anwalt, den er vor einigen Wochen erstmals aufgesucht hatte, herzlich die Hand. ‚*Das war eine gute Investition in die Zukunft,* dachte er in diesem Moment. *Genauso wie meine Elfie. Braves Mädchen.*’

XIV.

Wilhelm hatte sich noch kurz mit seinem Anwalt besprochen, dann kehrte er in die kleine Leihbücherei zurück. Es sah überall chaotisch aus, alle Bücher und Hefte waren aus den Regalen gerissen und im Raum verstreut. Er bahnte sich einen Weg durch die Unordnung und eilte in die oberen Räume. Auch hier bot sich ihm ein einziges Durcheinander. Die Betten waren auseinandergerissen und umhergeworfen, die Gestelle von der Wand abgerückt und die losen Dielen unter seinem Bett herausgenommen.

Unwillkürlich musste Wilhelm grinsen, obwohl ihm eigentlich nicht danach zumute war. Bevor er sein neues Quartier im Hotel bezogen hatte, sorgte er dafür, dass nichts Belastendes im Haus seiner Großmutter verblieb. Jetzt stopfte er ein paar seiner armseligen Kleiderstücke in einen abgewetzten Pappkoffer und stellte ihn an die Wand in seinem Zimmer.

Dann durchquerte er noch einmal das Buchchaos im Untergeschoss, schloss die Tür hinter sich und betrat das Nachbarhaus, um Nele den Schlüssel zu übergeben. Es war dunkel geworden, als er auf die Straße trat. Der Mann im gegenüberliegenden Hauseingang war nicht zu übersehen. Wilhelm steckte die Hände tief in die Hosentasche, pfiff leise vor sich hin und ging dann quer über die Straße auf den Mann zu. Schon von weitem erkannte er das Bulldoggengesicht von Inspektor Hörstel.

Als der Polizist erkannte, dass Wilhelm direkt auf ihn zutrat, wandte er sich zum Haus um und tat so, als wolle er die Tür aufschließen.

„Guten Abend, Herr Inspektor! Ich wollte nur sagen, wenn Sie neuen Lesestoff brauchen, melden Sie sich bitte im Nebenhaus bei Nele Schröder – sie hat den Schlüssel und wird die Leihbücherei nun weiterführen. Ja – und noch einen schönen Gruß an den Herrn Kommissar. Tschüss!"

Inspektor Hörstel hatte sich bei diesen Worten zu ihm umgedreht und lächelte ihn verlegen an.

„Ja, aber Herr Müller – wohin wollen Sie

denn jetzt gehen?“

„Na – zu meiner Verlobten natürlich. Hier ist es mir zu ungemütlich geworden. Und wenn Sie meine neue Anschrift wissen möchten, rufen Sie einfach Dr. Eckebrecht an – Sie wissen doch, mein Anwalt!“

Damit bog er pfeifend um die nächste Ecke und ließ einen perplexen Inspektor hinter sich. Wilhelm ging langsam in Richtung Innenstadt, blieb gelegentlich an hell erleuchteten Schaufenstern stehen und musterte die Auslagen. Als er sicher war, dass ihm niemand folgte, bog er um die nächste Straßenecke und verschwand gleich darauf nach einem raschen Sprint in einem der zahlreichen Vorgärten.

*

Die nächsten vier Wochen verliefen für Wilhelm und Elfie ruhig. Sie unternahmen an fast jedem Abend etwas, gingen gemeinsam in die guten Lokale, besuchten Theater- und Varieté-Veranstaltungen, sahen sich die neuesten Kinofilme an und waren auch gelegentlich in einem Konzert mit klassischer Musik. Elfie legte Wert darauf, Wilhelm mehr Bildung zu vermitteln. Sie war der Ansicht, dass gute Kleidung und gutes Benehmen mit entsprechendem Wissen kombiniert werden musste, wollte man als Mann von Welt gelten. Wilhelm machte alles gutmütig mit, aber es brodelte unter der Oberfläche. Es war ihm rasch klar geworden, dass er dieses Leben nicht lange aushalten würde, und auch von Elfie kam gelegentlich der eine oder andere Hinweis, dass man schon wieder in der Langeweile des Alltages versinken würde.

Auch das Hotel hatte Wilhelm gewechselt und verfügte nun über eine eigene Suite im *Englischen Hof* in der Breiten Straße. Das Hotel, schon im 18. Jahrhundert unter dem Namen *Hotel d'Angleterre* errichtet, war ein vornehmes Haus, das schon Lessing, Blücher, Iffland und viele andere prominente Gäste beherbergt hatte.

Hier wohnten die beiden am Wochenende zusammen, denn ein Besuch bei den Eltern in der Kaiser-Wilhelm-Straße kam für Elfie auf keinen Fall in Betracht – das hier war ihr neues, aufregendes Leben, und ihre spießigen Eltern sollten daran keinen Anteil haben.

Am meisten vermissten die beiden ihren offenen Lorelei, aber Wilhelm wagte es nicht, das auffällige Fahrzeug aus der Scheune zu holen, nachdem es ihnen bei dem Überfall auf die Geldboten so gute Dienste geleistet hatte.

Er trug sich nun mit dem Gedanken, einen der neuen Opel zu erwerben, die erheblich stärkere Motoren hatten. Ein Sechszylinder-Modell verfügte sogar über 15 PS – und man konnte ja nie wissen, wofür ein so schnelles Auto einmal nützlich war. Nur leider konnte Opel noch immer nicht liefern, obwohl Wilhelm bereits eine Anzahlung bei der Generalvertretung in Melverode geleistet hatte.

Wilhelm und Elfie fühlten sich im *Englischen Hof* vollkommen sicher. Kein Braunschweiger Polizist würde ihnen hier in die Quere kommen – weshalb auch? Und über seine gelegentlichen nächtlichen Besuche in der Friesenstraße erfuhr Wilhelm, wenn mal wieder jemand von der Polizei nach ihm gefragt hatte. Aber in den letzten drei Wochen war kein Polizist mehr in der Leihbücherei aufgetaucht. Nele hatte inzwischen dort alles wieder in Ordnung gebracht und führte den Betrieb weiter.

Wilhelm saß in einem bequemen Sessel und blätterte die *Braunschweigischen Anzeigen* etwas gelangweilt durch. Die politischen Artikel interessierten ihn überhaupt nicht – die Wirren der Revolution in Braunschweig von 1918 hatten den ehemaligen Soldaten abgestoßen. Damit wollte er nichts zu tun haben, und die ständig wechselnden Politiker bekamen weder die hohe Arbeitslosigkeit noch die rasende Inflation in den Griff. Da musste ein Mann schon selbst zugreifen, um sich aus dem Schlamassel der Weimarer Republik zu befreien und sein Glück zu machen.

Da fiel sein Blick auf den Artikel im unteren Drittel der Seite. *Bank-Tresors. Plauderei von Theodor Rehm*, las er in der Beilage zu den *Anzeigen*. Er überflog zunächst den Artikel, dann sah er zu Elfie hinüber, die wieder einmal vor dem Spiegel saß und sich schminkte.

Dann las er halblaut vor:

„2 – 3 Meter Beton-Kiesplatte unter dem Tresor... darauf Doppel-T-Träger.... Wände und Decken des Tresors Panzerplatten, Granitblöcke... Türen bis 150 cm Stärke, Schlüsselloch und Schlüsseluhr mit 3 Uhrwerken nebeneinander, die zu verschiedenen Zeiten die Riegel lösen...nicht schlecht. Hört sich wie eine echte Herausforderung an, was meinst du, Elfie?“

„Willst du jetzt einen Panzerschrank aufbrechen?“ rief sie amüsiert und kontrollierte ihren Lidstrich. Dann stand sie auf und kam mit schwingenden Hüften zu ihm herüber. „Das sind stählerne Ungeheuer, an denen du dir die Zähne ausbeißt, mein kleiner, dummer Liebling!“

Sie setzte sich auf seinen Schoß, so dass er die Zeitung loslassen musste, schlang einen Arm um seinen Hals und küsste ihn leidenschaftlich.

„Andererseits“, fuhr sie zwischen zwei Küssen fort, „andererseits gibt es natürlich auch Wege, die das Aufbrechen unnötig machen.“

Wilhelm wollte etwas erwidern, aber erneut presste sie ihre Lippen auf seine, und ihr leidenschaftlicher Kuss ließ ihm keine Möglichkeit zur nächsten Frage. Seine Hände fuhren über ihren Rücken, tasteten nach dem Gürtel, lösten ihn – und in diesem Moment sprang Elfie lachend von seinem Schoß.

„Erst die Arbeit – dann das Vergnügen. Du denkst ernsthaft daran, ein solches Stahlding aufzubrechen?“

Sie ging zum Tisch, nahm eine der englischen Gold Flake aus der Packung, steckte sie in die Zigarettenspitze und zündete sie an. Tief inhalierte sie den Rauch, hielt ihn zurück und stieß ihn dann langsam aus. Dabei betrachtete sie Wilhelm von Kopf bis Fuß wie ein interessantes Tier, das sie soeben erst entdeckt hatte.

„Sieh mich nicht so an, sonst kann ich mich nicht konzentrieren!“ antwortete Wilhelm, ging zu ihr hinüber und nahm sich ebenfalls eine Zigarette. „Natürlich reizt mich so ein Panzerschrank ungeheuer. Ich meine – da ist viel Geld auf einen Schlag zu holen, denn sonst würde man sich ein derart schweres und zudem teures Teil ja wohl kaum leisten, oder?“

„Natürlich nicht. Papa hat gerade mit der Firma Zöhe ein wunderschönes Stück ausgeliefert.“

„Dein Vater liefert Panzerschränke?“

„Mein Vater liefert alles, was gewünscht wird. Was es in Braunschweig nicht gibt, besorgt er seinen Kunden – getreu seinem Wahlspruch – der Kunde wünscht – wir liefern.“

„Ja – die Plutokraten können uns Vorbild sein...“

„Wilhelm! Benimm dich, wenn du mit der Tochter eines Plutokraten sprichst! Ich könnte mir jedenfalls vorstellen, dass das gute Stück inzwischen schon wohl gefüllt ist."

Wilhelm war zu ihr getreten und nahm sie in die Arme.

„Und hat meine Elfie denn auch eine Idee, wie man an das Ding herankommt? Zum Wegtragen wird es wohl ein wenig zu schwer für uns beide werden – und einen Schränker werde ich mir nicht suchen. Meine Erfahrung hat immer wieder gezeigt – je mehr davon wissen, umso schlechter."

„Der Schrank wurde schon vor gut sechs Wochen an das Kaufhaus Frank geliefert. Ein Kraftakt, das schwere Ding an seinen Platz zu bringen. Eine Woche war man damit beschäftigt, das Fundament war schon vorher gemauert worden. Er steht im Keller tatsächlich auf Stahlträgern, wie du vorgelesen hast."

„Da hat wohl jemand Angst vor Maulwürfen. Was weißt du noch über das Stahlding?"

Elfie griff zur nächsten Zigarette, schlenderte zur Chaiselongue hinüber und ließ sich dort nieder. Sie schlug ihre langen Beine übereinander und enthüllte bei der Bewegung, dass ihr Morgenmantel nicht mehr geschlossen war.

Wilhelm schluckte. Dieser Anblick würde ihn

noch in den Wahnsinn treiben. Er konnte sich nicht mehr erinnern, wie lange das jetzt mit ihnen schon so ging. Aber er wusste, dass sein wirkliches Leben mit Elfie begann und mit ihr enden würde.

Sie lachte hell auf, als er vor ihr auf dem Teppich kniete und ihren Hals küsste.

„Schön artig, Billy, dann erzähle ich dir auch mehr darüber. Ich hätte nicht geglaubt, dass dich ein so hässliches Stahlding in solche Begeisterung bringen würde, du bist ja....“

Diesmal war es an Wilhelm, ihr mit einem Kuss den Mund zu verschließen. Aber sie wand sich gleich wieder aus seinen Armen.

„Wilhelm Müller – jetzt hörst du mir erst einmal zu, bevor du wieder meine Frisur durcheinander bringst.“

„Elfie, du machst mich wahnsinnig. Kannst du mir nicht alles erzählen, während wir es uns hier ein wenig kuscheliger machen?“ Seine Hände fuhren über ihren Körper, aber Elfie schob sie energisch zur Seite und richtete sich auf.

„Also – der alte Frank wollte ein richtig gutes Teil haben. Die Einnahmen täglich zur Bank zu tragen, erschien ihm in der heutigen Zeit als viel zu gefährlich. Zweimal sind ihm schon die Geldboten überfallen worden, einmal ist einer von ihnen mit der Aktentasche voller Geld weggelaufen."

Sie drückte die Zigarette aus und griff nach einem Konfekt aus der Glasschale und lutschte genüsslich eine Weile daran herum, während Wilhelm nervös auf und ab lief.

„Weiter, Liebes, spann mich nicht so auf die Folter!" bat er, als sie sich das zweite Konfekt nahm.

„Geliefert bekam er einen Braune & Roth, eine Leipziger Herstellerfirma. Der große Vorteil: Das gute Stück hat nur zwei Uhren."

Sie warf Wilhelm einen bedeutungsvollen Blick zu, den der mit einem Schulterzucken beantwortete.

„Ich sehe, mein Schatz, du hast nicht den Hauch einer Ahnung. Also: Je weniger Uhren, desto schneller offen, nicht wahr? Schließlich muss man die Runden der Nachtwächter beachten, die im Haus unterwegs sind. Da kommt es auf jede Minute an – und die Uhren lassen sich nicht ohne weiteres verändern."

„Wie soll ich sie überhaupt dazu bewegen, sich für mich zu öffnen?"

„Für uns, meinst du. Ich begleite dich natürlich dabei.“

„Was? Du willst dir das antun? Einen Einbruch in das Kaufhaus, die Nachtwächter überlisten, den Tresor öffnen, ausräumen...“

„Stopp – das reicht schon. Ausräumen – wie willst du das ganze Zeug denn fortschaffen?“

„Ich nehme eine Sackkarre mit und ein paar feste Säcke, das geht schon.“

„Und wer fährt das Auto, um rechtzeitig wieder zu verschwinden? Nein, Billy, den Spaß wirst du mir nicht verderben. Ohne mich kommt das überhaupt nicht in Frage.“

„Gut, Elfie, ich verstehe ja, dass du deinen Spaß haben willst. Und die Uhren?“

Elfie lächelte ihn an, nahm ein weiteres Konfekt und lehnte sich in die Polster.

„Na, was glaubst du wohl? Die richtigen Zahlen zum Einstellen habe ich natürlich dafür. Und selbstverständlich befindet sich im Hause des Lieferanten für alle Fälle auch ein Notschlüssel!“

Wilhelm unterbrach sein zielloses Umherlaufen, trat zur Chaiselongue, bückte sich und hatte Elfe im nächsten Augenblick mit beiden Armen hochgehoben.

Lachend ließ sie sich zum Schlafzimmer tragen.

XV.

Die nächsten zwei Wochen war Wilhelm Müller ständig unterwegs, um die weiteren Schritte vorzubereiten. Dabei war die Suche nach einem geeigneten Fahrzeug der schwierigste Teil, denn die Händler konnten noch immer nicht liefern. Schließlich musste er sich erneut mit einem gebrauchten Modell begnügen. Er kaufte einen Renault Bébé Baujahr 1913. Zwar hatte das Fahrzeug nur 10 PS, aber der leichte Vierzylinder erreichte damit mühelos 60 Stundenkilometer. Und das schon etwas betagte Fahrzeug war absolut zuverlässig. Wilhelm probierte mehrere Starts aus, und bei jedem Versuch sprang der wassergekühlte Motor freudig an. Den Ausschlag gab schließlich die Tatsache, dass der Zweisitzer wieder ein faltbares Verdeck hatte.

Weniger problematisch war die Versorgung mit neuen Pistolen. Auf keinen Fall würde er ein Risiko eingehen wollen, falls irgend etwas schief ging. Durch den Weltkrieg gab es genügend Waffen zu kaufen, wenn man nur wusste, wo man nachfragen musste. Wilhelm bevorzugte Pistolen, die er als Soldat kennen gelernt hatte, aber mit dem Angebot seines Schwarzhändlers hatte er nicht gerechnet. Zu mitternächtlicher Stunde traf er sich mit dem Mann in einem Lokal am Bruchtorwall.

„Von mir kannste jede Menge Ari 08 haben, wenn de darauf scharf bist, und alle arsenalgepflegt, versteht sich", hatte der Bursche ihm zugeraunt.

Wilhelm stand natürlich in seiner alten Werkkleidung in dem verräucherten Hinterzimmer und leerte in aller Ruhe sein Bierglas. Der unrasierte Mann in der zerschlissenen Jacke sah nicht danach aus, als hätte er überhaupt etwas von Wert zu verkaufen, aber Wilhelm kannte ihn durch Freunde und wusste, dass der Mann zuverlässig war.

„Lass sehen!" antwortete er nur leise.

Der Mann sah sich scheu um, bevor er eine alte, abgewetzte Aktentasche unter dem Tisch hervorholte. Wilhelm griff danach und wollte auf die Toilette gehen, als er sich am Ärmel festgehalten fühlte.

„Moment – so nicht, da kann ich nich kontrollieren, ob du durch das Klofenster abhaust. Erst die Kohle auf den Tisch, dann kannste meinetwegen die Ware prüfen."

Wilhelm grinste, zog einen 50-Mark-Schein hervor und riss ihn in der Mitte durch.

„Den Rest nachher!" sagte er und steckte eine Hälfte wieder ein. Der Waffenhändler starrte völlig verblüfft auf den halben Schein, und Wilhelm verschwand auf der Toilette. Dort zog er die Waffe aus der Aktentasche, wickelte das Ölpapier ab und prüfte die Mechanik. Zufrieden rollte er sie wieder ein und schob sie in die Aktentasche zurück.

„In Ordnung. Hast du die zweite auch dabei, dann können wir abschließen."

Der Mann sah sich erneut vorsichtig um, aber keiner der Männer am Nebentisch beobachtete sie.

„Klar habe ich, und natürlich fertig geladen. Man weiß ja nie in den heutigen Zeiten." Kichernd zog er die Pistole aus dem hinteren Hosenbund unter der Jacke hervor, steckte sie unter dem Tisch verborgen in die Aktentasche und schob alles zu Wilhelm hinüber.

„Phantastisch. Und beide Rundmagazine sind in dem Päckchen daneben?“

„Alles einwandfrei, ich betrüge keine Freunde. Wenn de noch mehr davon haben willst, lass es mich wissen. Is ne ganze Kiste voll, aber diese großen Kracher wissen die meisten nicht zu schätzen. Sind ihnen zu umständlich und zu gefährlich, weeste? Alles Anfänger. Aber du, du bist ein Profi, das habe ich gleich gesehen.“

„Quatsch nicht so viel. Hier ist die andere Hälfte, mach es gut – ich gehe zuerst raus.“

Gleich darauf hatte Wilhelm das Lokal verlassen, klemmte sich die schwere Aktentasche unter den Arm und lief um die nächsten Häuserecken. In einem Hausflur hielt er kurz an, nahm die zweite, bereits geladene Pistole aus der Tasche und schob sie sich in den Hosenbund. Jetzt fühlte er sich sicherer auf seinem nächtlichen Rückweg.

Gerade erst vor zwei Tagen war hier in der Nähe ein Neunzehnjähriger von seinem Freund erschossen worden – und nur wegen ein paar Mark, die der Mörder seinem Opfer abgenommen hatte. Es waren schlimme Zeiten, in denen er lebte – aber das würde sich in

Kürze ändern. Gestern hatte er endlich die Papiere für sich und Elfie bekommen, und nach dem Ding bei Frank würde er mit ihr endlich den Dampfer nach Amerika nehmen – einer sorgenfreien Zukunft stand da nichts mehr im Wege. Seine einzige Sorge galt der Frage, ob Elfie zu diesem Schritt bereit war.

Sie hatte schließlich einiges mehr in Braunschweig aufzugeben, als er – reichte dafür ihre Liebe aus? Wilhelm verdrängte den Gedanken und pfiff vor sich hin, als er durch das nächtliche Braunschweig zu seinem Schlupfwinkel zurückkehrte.

*

„Du musst an den Rückschlag denken. Und wenn du den Abzug gedrückt hältst, geschieht nichts weiter – die Waffe hat kein Dauerfeuer. Schau – so macht man das richtig."

Wilhelm krümmte mehrmals hintereinander rasch den Zeigefinger, und die Luger-Pistole mit dem 200-mm-Lauf zuckte bei jeder Schussabgabe in seiner Hand auf und ab.

„Bravo – du schießst ja wie Buffalo Bill!" rief Elfie begeistert aus, als sie die Einschläge in dem Baum kontrollierte, während Wilhelm die Waffen ins Gras gelegt hatte.

„Na ja, zur Not reicht es aus. Wir wollen diese Dinger ja gar nicht benutzen, aber für den Fall der Fälle bei uns haben. Und die Artillerie-Ausführung mit dem 32-Schuss-Rundmagazin ist für mich eine Beruhigung. Damit halten wir uns jeden Pistolenschützen auf weite Entfernung!“ Er griff in die Jackentasche seines leichten Sommeranzuges und holte eine Zigarettenpackung heraus, zündete zwei an und steckte Elfie eine davon zwischen die Lippen.

Breitbeinig stand sie auf der Waldlichtung und hob erneut die Luger. In rascher Folge schoss sie auf den Baum, und diesmal zeigten die herumfliegenden Rindenstücke, dass sie mit der ungewöhnlich großen Waffe traf.

„Ich bin stolz auf mein Mädchen“, sagte Wilhelm und schloss die Arme um sie. „Aber jetzt lass uns zurückfahren, ich habe einen mächtigen Hunger von unserem Ausflug bekommen.“

Sie packten Waffen und Munition in den Peugeot.

„Wann soll unser Unternehmen starten?“

„Am Donnerstag – dann haben wir nicht nur eine volle Kasse zu erwarten, sondern auch sicher Ruhe vor zufälligen Nachtbummlern", antwortete Wilhelm, legte den Gang ein und steuerte das wendige Fahrzeug den Waldweg hinunter auf die Chaussee.

„Weshalb nun gerade Donnerstag? Wäre nicht ein Wochenende besser für unser Vorhaben?" Elfie hielt ihren Hut fest, der im Fahrtwind verrutschte, als Wilhelm nun beschleunigte.

„Es ist Sedantag, Liebling – und noch dazu die 50. Wiederkehr. Vaterländische Weihestunde mit dem Reichstagsabgeordneten Brüninghaus. Kannst du dir da vorstellen, dass noch ein paar Braunschweiger etwas anderes vorhaben?"

„Nein – da fallen mir eigentlich nur zwei ein", antwortete Elfie und gab seinem rechten Arm einen zarten Stoß.

Gleich darauf erreichten sie die Stadtgrenze und lenkten ihr Auto in die Innenstadt.

*

Es regnete an diesem 2. September heftig, was aber die Massen nicht davon abhielt, in die Gördelinger Straße zu Schraders Hotel zu wandern. Ganz Braunschweig schien schon Stunden vorher unterwegs zu sein, um bei der abendlichen Veranstaltung in dem Festsaal noch einen Platz zu erwischen.

Wilhelm hatte den Peugeot aufgetankt und auf dem Hof des Hotels so abgestellt, dass er für einen raschen Start bereit war. Näher an die Schuhstraße zum Kaufhaus Frank traute er sich nicht heran, denn ein Auto war und blieb doch auffällig – auch wenn es sich nicht um ein auffälliges Luxusmodell handelte. Bei einer Verfolgung mussten sie über die Hinterhöfe das Hotel erreichen, alles andere wäre ohnehin vergeblich. Aber Wilhelm war zuversichtlich. Mit Elfie an der Seite dachte er gar nicht weiter über ein Scheitern des Einbruches nach. Die ungewöhnlichen Pistolen waren nur eine weitere Vorsichtsmaßnahme.

Auch Elfie hatte sich dunkle Männerkleidung besorgt und trug eine Schiebermütze, die ihr ein verwegenes Aussehen verlieh. Die beiden sahen aus wie zwei gewöhnliche Arbeiter, die mit ihrer Sackkarre noch irgendwo etwas zu tun hatten. Wilhelm profitierte von seiner Kenntnis der Örtlichkeiten, weil er öfter mit Max Kohlen ausgeliefert hatte. Auch das große Kaufhaus Frank in der Schuhstraße war eine regelmäßige Lieferadresse, und Wilhelm wollte über die Kohlenrutsche direkt in den Keller eindringen.

Das Licht der Straßenlaterne reichte kaum bis in den Hof des Kaufhauses. Mit wenigen Handgriffen hatte Wilhelm das Schloss an der Kohlenrutsche geöffnet und hob vorsichtig die feste Holzluke an, die den Eingang in den Kohlenkeller versperrte. Er sicherte sie an dem dafür vorgesehenen Windhaken und gab der wartenden Elfie ein Zeichen. Sie reichte ihm die Tasche mit den beiden Waffen, die sich Wilhelm nun an einem Lederriemen um die Schulter hing. Gleich darauf verschwand er durch die Luke, und Elfie lauschte angestrengt in die Dunkelheit. Es schien endlos zu dauern, bis sie endlich im Keller einen dünnen Lichtstrahl entdeckte und gleich darauf Wilhelms Kopf unter der Luke erschien.

Aus einem vom Kohlenstaub verschmierten Gesicht grinste er sie an.

„Alles in Ordnung, gib mir deine Hand, vorsichtig, hier liegt ein riesiger Kohlenhaufen. Am besten, du rutscht darauf herunter, ich halte deine Hand seitlich."

Gleich darauf fing er sie auf, als sie auf dem Kohlenhaufen schneller hinunterrutschte, als erwartet. Einen Moment spürte sie seinen Herzschlag, als er sie an seine Brust presste. Sie lauschten nach draußen, und als nichts zu hören war, öffnete Wilhelm die Tür. Der Schein seiner Taschenlampe huschte über den dunklen Flur, von dem mehrere Türen abgingen.

Ohne ein Geräusch zu verursachen, gingen sie hintereinander den Flur entlang, wobei Elfie sich an seiner Schulter festhielt, um nicht plötzlich zu stolpern.

„Hier muss es sein!“ sagte Wilhelm und beleuchtete mit der Taschenlampe eine kräftige Eichentür. Er ersparte es sich, die Klinke zu probieren, und richtete den Schein der Lampe auf das Türschloss.

„Da wären wir – ich bitte um das Instrument, Frau Doktor!“ Damit hielt er Elfie seine Hand hin und leuchtete mit der Taschenlampe so, dass sie sehen konnte. Elfie unterdrückte ein Kichern, dann zog sie das Schlüsselbund heraus, das sie am Nachmittag aus dem Schreibtisch ihres Vaters mitgenommen hatte.

Es gab ein knirschendes Geräusch, dann

drückte Wilhelm auf die Klinke, und die Tür öffnete sich mit einem leisen Knarren. Der Schein der Taschenlampe fiel auf einen mächtigen, zweitürigen Schrank auf einem Steinsockel.

„Donnerwetter, ein Prachtkerl!“ entfuhr es Wilhelm leise, als er den Stahlschrank sah. „Da kann man lange herumknabbern, bis der offen ist. Ich fürchte, Frau Doktor, ich benötige nun Ihre Assistenz!“

Elfie trat näher und besah sich die beiden runden Uhren in der Stahltür. „Halt mal die Lampe hier weiter herüber – so ist es richtig, jetzt kann ich die Ziffern lesen.“

Elfie hatte einen Zettel in der Hand und drehte an der Uhr in verschiedene Richtungen. Sie hielten beide den Atem an, als sie ihre Hand abwartend sinken ließ. Nichts geschah, und im Schein der Taschenlampe sahen sie sich hilflos an. In diesem Augenblick war in der Stille ein leichtes, metallisches Klicken zu hören – das erste Schloss hatte sich geöffnet.

„Phantastisch – nun in Ruhe weiter, Liebste!“ flüsterte Wilhelm ihr zu und richtete den Schein seiner Lampe wieder auf die Tür.

In diesem Augenblick erfasste sie ein starker

Lichtschein von der Tür, und eine dröhnende Stimme rief:

„Was machen Sie denn da?"

Wilhelm fuhr auf dem Absatz herum und war durch das grelle Licht geblendet. Er erkannte eine Bewegung und warf sich gleichzeitig auf Elfie. Beide stürzten auf den Boden, als ein donnernder Schlag in dem kleinen Raum in ihren Ohren dröhnte und eine feurige Lanze durch die Dunkelheit fuhr.

Mit der einen Hand drückte er Elfie flach auf den Boden, mit der anderen zog er die Tasche mit den Pistolen nach vorn, fühlte den Pistolen -schaft in der Hand und legte an.

Zwei weitere Schüsse brachen von der Tür los, und jaulend fuhren die Geschosse von den Wänden zurück. Fast zeitgleich feuerte Wilhelm dreimal hintereinander und rollte sich dabei um die eigene Achse, weg von Elfie. Die Querschläger waren gefährlich genug, aber er wollte auf keinen Fall das Feuer in ihre Richtung lenken.

Seine Ohren klingelten, und die Schreie, die Elfie ausstieß, wurden ihm erst gar nicht bewusst. Die Taschenlampe des Nachtwächters war auf den Boden gefallen, brannte aber weiter. Wilhelm sah eine dunkle Gestalt im Türrahmen und blieb abwartend liegen, die Pistole im Anschlag. Doch der Mann bewegte sich nicht, und als er sich erhob und auf ihn zusprang, sah er die unnatürlich verkrümmte Haltung des Mannes.

Elfie schrie noch immer, und als er sich umdrehte, um ihr ein Zeichen zu geben, sah er ihre schreckgeweiteten Augen. Zwei schnelle Ohrfeigen ließen sie zumindest verstummen, aber jetzt blieb keine Zeit mehr für lange Erklärungen. Sie mussten hier verschwinden, denn die Schüsse im Keller waren bestimmt auf der Straße gehört worden.

Wilhelm warf einen Blick auf die Tresortür und zögerte. Hatte das zweite Schloss inzwischen auch schon ausgelöst? Elfie hatte das Schlüsselbund fallen gelassen, es lag direkt zu ihren Füßen. Wilhelm hob es auf, nahm den Zylinderschlüssel und probierte das Schloss. Der Schlüssel ließ sich leicht drehen, und als er an dem Griff der Stahltür zog, schwang sich leicht auf.

Im Schein seiner Taschenlampe erkannte er die großen Geldstapel, und ohne weiter darüber nachzudenken, griff er einen der Säcke vom Boden auf und begann, die Bündel hineinzuwerfen.

„Wir müssen hier raus, Billy, die Schüsse werden alle gehört haben, komm, lass doch das dumme Geld liegen – wir haben doch schon genug!“

Aber Wilhelm schüttelte den Kopf. *‚Niemals, dazu waren sie jetzt zu dicht dran. Das Geld würde für eine neue Existenz in Amerika ausreichen, es wäre eine Dummheit, es jetzt hier liegen zu lassen.’*

Mit fahrigen Bewegungen griff er immer neue Geldbündel, aber jetzt waren deutlich laute Trillerpfeifen auf der Straße zu hören. Jede weitere Minute erhöhte die Gefahr, dass die Polizei in das Kaufhaus kam.

„Halt fest, damit ich schneller arbeiten kann!“ rief er Elfie zu, die auch instinktiv den Jutesack ergriff. Weitere Geldbündel flogen hinein, dann warf sich Wilhelm die Last über die Schulter und griff nach Elfies Hand.

„Raus hier, das muss genügen!“

Sie hatten das Flurende erreicht und Wilhelm öffnete die Tür zum Kohlenkeller, als sie schnelle Schritte auf der anderen Seite hörten. Der Schein einer Taschenlampe leuchtete von dort herüber, und gleich darauf fielen erneut Schüsse.

„Hier rein, schnell!“ rief Wilhelm, riss eine andere Tür auf und stieß Elfie hinein. Dann feuerte er seine Pistole in rascher Folge ab und hörte einen Schrei. Das Feuer wurde nicht mehr erwidert.

„Es wird eng für uns beide, Elfie. Du musst über die Kohlenschütte raus und ich reiche dir den Sack hoch. Schaffst du das?“

Elfie presste nur eine leise Zustimmung heraus und wollte gerade den Kohlenkeller betreten, als sie von Wilhelm zurückgerissen wurde. Auf dem Hof war plötzlich Scheinwerferlicht, und gleich darauf hörten sie Motorengeräusche.

„Verdammt, das geht nicht mehr – die Polizei fährt gerade auf den Hof. Wir müssen es anders machen, Elfie, komm her!“

„Was hast du jetzt vor, Billy, komm mit, wir können doch versuchen, vorne ....“

„Nein!“ Seine Stimme klang ungewöhnlich rau. „Komm her!“ Wilhelm zog sie an sich und presste seine Lippen auf ihre. Dann stieß er sie in den ersten Kellerraum, schloss die Tür hinter ihr und drehte den Schlüssel zweimal um.

„Was machst du, Billy? Bist du völlig verrückt geworden? Hol mich sofort hier raus!“ Sie schlug wild an die Tür.

„Du musst ihnen sagen, dass ich dich dazu gezwungen habe, verstehst du? Du hast mir nicht freiwillig geholfen, ich habe dich mit einer Pistole bedroht und gesagt, dass ich deine ganze Familie töten werde!“

Mit diesen Worten hatte er bereits das Flurende erreicht und entdeckte den zweiten Nachtwächter in seinem Blut. Angeekelt stieg er über den Toten, noch immer den Jutesack über der Schulter. Als er das Treppenende erreicht hatte, öffnete er die Tür nur einen Spalt und wartete ab. Kein Laut drang aus der Dunkelheit des Kaufhauses zu ihm herüber, niemand schien ihn hier zu erwarten.

Wilhelm stellte den Sack mit der Beute ab, zog die zweite Luger heraus und entsicherte sie. Er hockte sich neben die Kellertür, legte seine brennende Taschenlampe neben sich und füllte das Magazin der ersten Waffe wieder auf. Er durchquerte einen Lagerbereich im rückwärtigen Teil des Kaufhauses und stand dann vor einer Tür, die auf die Schuhstraße hinausführte.

Gerade fuhren mehrere Lastwagen hintereinander vor, Türen klappten, und gleich darauf konnte er deutlich eine Menge Stiefel hören, die über das Pflaster liefen. Wilhelm versuchte, einen Blick durch ein nahes Schaufenster nach draußen zu werfen, aber dazu musste er erst etwas von der Dekoration verschieben. Dann sah er, was ihn erwartete. Nicht nur die Polizei hatte vor dem Kaufhaus alles abgeriegelt, jetzt war auch noch die Reichswehr eingetroffen. Eine ganze Reihe dunkler Soldaten mit Stahlhelmen standen neben den Lastwagen, die Karabiner schussbereit angelegt.

Nun denn – jetzt kann es losgehen, Freunde! Mich fängt jedenfalls keiner und sperrt ihn ein. Schade, Elfie, es war eine tolle Zeit mit dir!

Wilhelm hatte den Schlüsselbund steckt, an dem sich auch ein Schlüssel für die Ladentüren befand. Langsam schloss er auf und drückte die Klinke sachte herunter. Die Tür schwang leicht nach innen auf, und er stellte einen Fuß dazwischen, damit sie ihm nicht vor der Nase wieder zuschlug.

Diese Bewegung hatte man aber sofort erkannt, denn gleich wurde ein Scheinwerfer auf die Tür gerichtet und eine Stimme brüllte zu ihm herüber:

„Kommen Sie mit erhobenen Händen heraus, jeder Widerstand ist zwecklos! Das Haus ist umstellt! Werfen Sie Ihre Waffen weg und halten Sie die Hände deutlich weit hoch über den Kopf!"

Wilhelm stieß mit dem Fuß die Tür auf, sprang auf die hell beleuchtete Straße, die Pistolen in jeder Hand. Als der Scheinwerfer ihn erfasst hatte, lief er direkt auf ihn los, dabei unaufhörlich schießend, jede Pistole hatte 32 Schuss. Obwohl sofort das Feuer erwidert wurde und ihn die ersten Schüsse im Laufen trafen, bewegte sich Wilhelm weiter auf seine Gegner zu und brach erst zusammen, als er die Scheinwerfer erreicht hatte. Er rollte über das Pflaster, die Pistolen noch immer fest in den Fäusten.

*

„Dieses Miststück hat ihm geholfen, das ist doch wohl klar. Verschonen Sie mich mit Ihrem Ammenmärchen, Herr Doktor!“

Gehrke war hinter seinem Schreibtisch aufgesprungen, als Dr. Eckebrecht seine Rede beendet hatte. Der Anwalt sah ihn verächtlich an, dann schnippte er die Asche seiner Zigarre auf den Fußboden.

„Mäßigen Sie sich, Herr Kommissar, sonst werde ich dem Polizeipräsidenten noch heute berichten, wie Sie sich hier aufführen. Es dürfte selbst einem Mann wie Ihnen klar sein, dass Fräulein Elfie nichts mit den Verbrechen dieses Müller zu tun hat. Sie stammt schließlich aus einer der ersten Familien unserer Stadt, und da ist Ihr Verdacht einfach lächerlich.“

„Ich werde sie so lange hier behalten und verhören, bis sie gesteht, das können Sie mir glauben, Herr Anwalt!“ Gehrke schrie mit knallrotem Kopf, aber der Anwalt hob nur gelassen die Hand.

„Sie gestatten doch, Herr Kommissar?“ sagte er, griff nach dem Telefon und wählte eine kurze Nummer. „Hallo Erich, ja, ich bin hier noch bei Gehrke. Nein, er ist uneinsichtig, leider. Ja, es ist am besten, wenn du selbst mit ihm sprichst. Wir sehen uns am Wochenende, Gruß an deine liebe Frau."

Dr. Eckebrecht hielt dem Kommissar den Hörer entgegen, und während die laute Stimme des Polizeipräsidenten deutlich im ganzen Zimmer zu hören war, nahm der Anwalt seine Tasche auf und verließ mit einem lächelnden Gesicht das Dienstzimmer.

Jugendlicher Verbrecher starb im Kugelhagel! *Bei einem dreisten Einbruch in das Kaufhaus Frank wurde ein Verbrecher gestellt. Obwohl die Lage hoffnungslos war, gab der Mann nicht auf und eröffnete bei seiner Flucht das Feuer auf Polizei und Reichswehr. Er starb im Kugelhagel der Sicherheitskräfte....*
Braunschweiger Tageblatt vom 3.9.1920

Zeitgeschichtlicher Hintergrund

Ende Oktober 1918 meuterten in Wilhelmshaven Matrosen, in Kiel kam es zum Matrosenaufstand. Auch Braunschweig wurde in die Unruhen einbezogen, als im November Matrosen eintrafen. Es kam zu Massendemonstrationen, das Gefängnis Rennelberg wurde gestürmt, am 8. November wurde Herzog Ernst-August zur Abdankung gezwungen. Die „Sozialistische Republik Braunschweig“ wurde ausgerufen, und in Berlin dankte der Kaiser ab. Die Ermordung von Rosa Luxemburg und Karl Liebknecht erschütterte das ganze Reich, es gab auch in Braunschweig Demonstrationen gegen diesen politischen Doppelmord, bei der bis zu 30.000 Menschen auf den Straßen waren. 1919 kam es zu Streiks der Bergarbeiter im Ruhrgebiet, und auch im Braunschweiger Land drohte ein Bürgerkrieg. Am 9. April 1919 wurde der Generalstreik von den Spartakisten auf dem Schlossplatz ausgerufen, am 13. April folgte darauf die Verhängung des Belagerungszustandes durch die Reichsregierung. Züge fuhren nicht mehr, überall befand sich das Militär in höchster Alarmbereitschaft, das Freikorps Maercker marschierte mit gut 10.000 Mann in die Stadt ein. Es gelang, die Regierung Oerter abzusetzen, neuer Ministerpräsident des Freistaates Braunschweig wurde Heinrich Jasper. Ein Bürgerkrieg war dadurch verhindert, aber wirtschaftlich lag alles im Argen, der Schwarzhandel blühte, die Arbeitslosigkeit sorgte für viele Hungernde. Dazu kamen weitere politische Unruhen, die junge Weimarer Republik kam nicht zur Ruhe. Der Währungsverfall begann 1922, ab 1923 wurde die Inflation so hoch, dass die Banknoten mit geradezu unglaublichen Beträgen bedruckt wurden und doch kaum das Papier wert waren. Arbeiterfrauen holten ihre Männer am Freitag mit Schubkarren ab, um den Wochenlohn wegzubringen und möglichst gleich in Lebensmittel umzusetzen. Es konnte sein, dass die bunten Scheine mit den Millionen- und Billionen-Aufdrucken schon am nächsten Tag nichts mehr wert waren.

Entsprechend schlecht ging es der Bevölkerung. Schaut man in die verschiedenen Zeitungen, die in dieser Zeit erschienen, erschrickt man über die spaltenlangen Meldungen von

Einbrüchen, Diebstählen und anderen Straftaten.

Vor diesem Hintergrund ist meine Erzählung angesiedelt, in der Wilhelm Müller vom kleinen Kriminellen zum Schwerverbrecher wird, der sich auch nicht scheut, von der Schusswaffe Gebrauch zu machen. Die Liebe zu der Unternehmertochter Elfie beflügelt ihn nur bei seinem Vorhaben, schnell reich zu werden und in das Land seiner Träume, Amerika, zu flüchten. Die gelangweilte Elfie findet den jungen Wilhelm gerade wegen seiner Taten interessant und treibt ihn zu immer neuen Verbrechen.

Neben meiner Reihe mit Krimis, die im Braunschweig des 18. Jahrhunderts spielen und bei denen der Jägerleutnant Friedrich Oberbeck ermittelt, reizen mich immer wieder auch andere historische Epochen. So konnte ich zum „Kaiser-Otto-IV-Jahr“ den Titel „Mord in Burg Dankwarderode“ vorlegen. Die Zeit der Weimarer Republik reizte mich, als ich von einem Postraub in Braunschweig im Jahr 1920 las. Bei den Recherchen überraschte mich die hohe Zahl der täglich in den Zeitungen berichteten Verbrechen. Nicht nur Einzeltäter versuchten, auf schnelle Weise zu Geld zu kommen, sondern auch ganze Banden, darunter die des Julius Adolf Petersen, genannt „Lord von Barmbek“ in Hamburg und zahlreiche andere, mehr oder weniger von trauriger Berühmtheit, bis hin zu den Brüdern Sass, die ebenfalls in den Zwanziger Jahren ihr Unwesen überwiegend in Berlin trieben.

Ich habe mich bemüht, nicht nur die Schauplätze in Braunschweig korrekt zu schildern, sondern auch alles andere, scheinbar nebensächliche – angefangen von Filmtiteln über die Heftromanserien, Schauspieler und Musikstücke bis hin zu den Marken der Automobile und Zigaretten. Die Firma Alfred Ley fertigte seit 1905 bis zum Jahr 1929 Fahrzeuge und war vermutlich mit der Firma Adler der erste deutsche Hersteller eines serienmäßigen Motorgetriebeblocks.

Der Peugeot Bébé (Typ 69) war ein überaus beliebtes Fahrzeug, von dem 1905 bis 1912 große Stückzahlen gebaut wurden.

Ich hoffe, auch der Ausflug in diese unruhige Zeit hat dem Leser gefallen – Braunschweig war damals ein unruhiges Pflaster.

Thomas Ostwald

Tatort: Braunschweig

Wenn Sie eine ganz andere Zeit erleben möchten, dann empfehle ich Ihnen meine Kriminalromane, die im 18. Jahrhundert in Braunschweig spielen. Leutnant Friedrich Oberbeck, Veteran des Unabhängigkeitskrieges in Nordamerika, ermittelt hier allerlei heikle Fälle, bei denen er stets Rücksicht auf die Anweisungen des Kammerherrn Graf Florian von Osten-Waldeck nehmen muss, der die Interessen des Herzoghauses in den Vordergrund stellt. Aber der eigenwillige Offizier der Jäger ist nicht einfach zurückzupfeifen - mehr als einmal setzt er seinen Kopf durch, um der Gerechtigkeit zum Sieg zu verhelfen. Bereits erschienen:

Der Richmond-Mord. Ein brutaler Mord findet am Rande des Richmond-Parkes statt, und das zu einer Zeit, in der Prinzessin Augusta zu einem Maskenfest geladen hat....

Mord in der Liberei. Der Graf von St. Gemain weilt am herzoglichen Hof und behauptet, das Fürstenberger Porzellan verbessern zu können. Leutnant Oberbeck ist misstrauisch, und als ein Mord geschieht, scheint sich sein Verdacht zu bestätigen. Ist der geheimnisvolle Graf in das Geschehen verwickelt?

Mord im Residenzschloss Ein englischer Adliger wird am Braunschweiger Hof herzlich aufgenommen, und die aus England stammende Prinzessin Augusta blüht förmlich auf in seiner Gegenwart. Bei einem Empfang wird jedoch ein Anschlag auf die Prinzessin verübt - ist der Gesandte James Boswell in die Ereignisse verwickelt? (Erscheint 2010)

In die Zeit des Welfenkaiser Otto IV. entführt uns der Kriminalroman **Mord in Burg Dankwarderode.** Im Kampf zwischen Staufern und Welfen werden nicht nur die Schwerter eingesetzt, sondern Lug und Trug, Mord und Giftanschläge sollen helfen, das Ziel der Machthungrigen zu erreichen. Waffenmeister Dietrich von der Okeraue entgeht selbst nur knapp einem Anschlag, bevor er den Übeltäter entlarven kann.

Das besondere Erlebnis....

Lassen Sie sich in eine andere Zeit entführen und erleben Sie die Stadt Braunschweig auf eine ganz andere Weise. Lauschen Sie dem Kammerherrn Graf Florian von Osten-Waldeck, wenn er Sie bei einer Führung durch Schloss Richmond mit Geschichten vom Hofe unterhält - lassen Sie sich vom Stadtschreier und Kaffeeschnüffler Thomas von Wolkenstein durch die Stadt führen, oder folgen Sie Waffenmeister Dietrich von der Okeraue durch das mittelalterliche Braunschweig. Besondere Erlebnisführungen mit mir sind wie eine Reise in die Vergangenheit....
Auskünfte erteilt die TouristInfo, Braunschweig, oder direkt unter: 0531 - 35 29 66.